Ricettario Sous Vide

La Guida Completa per la Cottura a Bassa Temperatura. Scopri i Pro e i Contro della Cucina CBT

BIANCA CASSANO

Disclaimer:

Si prega di notare che il contenuto di questo libro è esclusivamente per scopi educativi e di intrattenimento. Ogni misura è stata presa per fornire informazioni accurate, aggiornate e completamente affidabili. Non sono espresse o implicate garanzie di alcun tipo. I lettori riconoscono che il parere dell'autore non è da sostituirsi a quello legale, finanziario, medico o professionale.

Sommario

—

Introduzione

Da sempre, l'ambiente culinario si arricchisce di novità e sperimenta diversi modi per cucinare le nostre ricette preferite.

In questo libro ci occuperemo di una tecnica di cottura un po' diversa dal solito.

Questa tecnica non è del tutto nuova, in quanto, è già stata sperimentata precedentemente da alcuni chef francesi negli anni 70.

Questo tipo di cottura prende il nome di *sous vide* e in Italia viene denominata letteralmente cottura a bassa temperatura (o sottovuoto).

Adesso non più un metodo di cottura *d'élite,* bensì un modo nuovo, e forse ancora sconosciuto da molti, di cucinare.

Sarà l'obiettivo di questo testo fornirvi tutte le informazioni possibili e necessarie per approcciarvi a questo metodo di cottura.

Capitolo 1 - Pro e contro della cucina a bassa temperature

I vantaggi della cucina a bassa temperatura

Prima di passare alla vera e propria parte pratica, e quindi all'utilizzo della cucina a bassa temperatura per preparare le nostre ricette, è giusto che vi vengano mostrati i vantaggi e gli svantaggi di questo tipo di cottura. Come ogni cosa, anche per la CBT ci sono i pro e i contro. In questo paragrafo vogliamo mostrarvi quali siano i possibili vantaggi derivanti dall'impiego della cottura a bassa temperatura. Questi vantaggi possono essere così suddivisi:

- **Vantaggi per la nostra salute**
  La cucina a bassa temperatura può rappresentare davvero un alleato per la nostra salute in quanto non è una cucina che prevede delle ingenti aggiunte di grassi per ottenere dei piatti saporiti; inoltre, grazie al fatto che non si raggiungano temperature elevate, qualora dovessimo aggiungere dei grassi di origine animale o vegetale non si arriveranno mai ad avere alimenti "fritti" e quindi tossici per l'organismo. Ci guadagneremo a livello di colesterolo, stomaco e sistema circolatorio.
  Essendo una cottura sana, e principalmente basata sulla cottura delle proteine e verdure, può essere davvero di aiuto nelle diete a basso contenuto di carboidrati o per chi

fa sport che prevedono l'aumento e la definizione della massa muscolare.

- **Vantaggi di risparmio energetico**
Anche se la cottura a bassa temperatura potrebbe prevedere per una buona parte degli alimenti, tempi di cottura allungati, se si decide per esempio, di utilizzare acqua e pentola, non si avranno sicuramente gli stessi dispendi energetici del forno. Anche rispetto al fritto si risparmierà molto in quanto non verrà impiegata, ad esempio, la stessa quantità di olio per friggere.

- **Vantaggio di risparmio temporale**
Qui il discorso è un po' controverso. L'allungamento dei tempi di cottura rappresenterebbe uno degli svantaggi di questa cucina ma, e c'è un ma, il fattore tempo potrebbe rappresentare uno svantaggio solo nel breve periodo. Ma se si pensa che si possono precuocere più alimenti nella stessa giornata e preservarli per più giorni con i sacchetti sottovuoto per poterli poi riscaldare, avrete un risparmio di tempo, invece, sul lungo periodo. Questo, per chi lavora ad esempio, potrebbe permettere di programmare i propri pasti in anticipo, in casa e fuori casa, anche per l'intera settimana. Inoltre, questo è un tipo di cucina che vi può permettere di avere dei piatti sempre disponibili se dovete cucinare per più persone.

- **Vantaggi nei risultati**
Abbiamo voluto menzionare per ultimi i risultati raggiungibili grazie alla CBT. Parliamo, innanzitutto, di

risultati a livello di cottura, in quanto, come già accennato nei capitoli precedenti, questo tipo di cottura permetterà agli alimenti che andremo a cucinare di trattenere i succhi e gli aromi al proprio interno. Sarà possibile quindi ottenere, mediante cottura a bassa temperatura delle cotture e consistenze uniche e "vellutate". Ciò che otterrete, con questa cottura è la totale esaltazione della vostra materia prima senza il rischio né di bruciarla né di lasciarla semi cruda. Non solo, tutto questo, permetterà, e qui ci ricolleghiamo al discorso sulla salute fatto sopra, di preservare le proprietà nutrizionali degli ingredienti, in quanto, grazie a questo tipo di cottura è possibile preservarne tutte le proprietà organolettiche. Sigillando gli alimenti sottovuoto, infatti, non vi sarà inoltre il processo di ossidazione e quindi, non venendo a contatto con l'ossigeno si preservano tutte queste proprietà. Gli alimenti non verranno nemmeno a contatto né con l'acqua né con l'aria, né con qualsiasi altro mezzo di cottura e questo porta, in sostanza, ad evitare la dispersione di vitamine e altri nutrienti fondamentali.

Svantaggi della CBT

Dopo aver parlato dei possibili vantaggi della cottura a bassa temperatura, per *par condicio,* è giusto menzionare anche quali siano i possibili svantaggi. Ci teniamo a precisare che non si tratta di svantaggi assoluti ma "relativi". Che cosa intendiamo con questo? Intendiamo che, anche se, come tutto del resto, questa cucina presenta dei pro e i contro, quando si parla di quest'ultimi non si parla di contro del tutto irreversibili, nel senso che anche se rappresentano degli svantaggi veri e propri possono essere comunque risolti con alcuni accorgimenti.

Ve li elencheremo brevemente di seguito:

- **Svantaggi nel breve periodo**

  La cucina a bassa temperatura non fa per voi, se avete fretta di cucinare e non avete programmato i pasti in anticipo. Ma questo potrebbe essere uno svantaggio "relativo". Relativo perché, in questo caso, come abbiamo già spiegato in precedenza, ci potrebbe essere un adeguato recupero nel lungo periodo, programmando bene i pasti in anticipo. Non potrete avere le vostre pietanze immediatamente pronte, come delle fettine di carne cotte velocemente in padella, per esempio, ma se in precedenza ne avrete preparate alcune in sottovuoto, basteranno comunque pochi minuti per rigenerarli ed essere pronti in tempi brevi.

- **La CBT non sempre è sufficiente**

  Anche se la cottura dei cibi avviene in maniera molto uniforme e morbida, la CBT non permette a certi tagli di carne (come, per esempio, una bistecca) di acquisire una crosta esterna croccante. Sarà necessaria un secondo tipo di cottura. Anche questo è uno svantaggio relativo, in quanto nel momento in cui decideremo di cucinare a bassa temperatura calcoleremo il tempo in base a che tipo di cottura desideriamo raggiungere.

- **Svantaggi a livello di igiene e ambientale**

  Si potrebbe porre, per quanto riguarda la CBT, un problema di igiene degli alimenti.

La cottura a bassa temperatura rende, infatti, più difficile il processo di eliminazione di alcuni batteri pericolosi per il nostro organismo soprattutto per quanto riguarda il pesce. Anche questo è un problema piuttosto risolvibile, in quanto (e lo vedrete indicato anche nelle ricette) basterà abbattere il pesce prima di cucinarlo in *sous vide*. Per quanto riguarda il problema ambientale, ciò di cui viene "accusata" questo tipo di cucina è l'impiego di sacchetti di plastica. Ma il problema, anche qui, si pone relativamente, in quanto i sacchetti sono riutilizzabili, si possono conservare e riutilizzare quindi più volte. Inoltre, si possono anche utilizzare i vasetti in vetro, sicuramente più *eco-friendly*.

Errori da evitare

Quali sono gli errori più comuni da evitare, quando si decide di cucinare a bassa temperatura? È importante riconoscerli ed evitarli per avere delle cotture al dir poco perfette. Essi sono:

- **Evitare di non sigillare bene il sacchetto o il vasetto:** importantissimo sempre sigillare bene i sacchetti onde evitate l'uscita di ingredienti o di liquidi di marinatura. Per ottenere pietanze perfette è indispensabile che tutti i succhi e i sapori rimangano concentrati nel luogo chiuso di cottura.

- **Non scegliere gli alimenti con cura:** è importante che scegliate comunque con cura la qualità dei cibi che andrete a preparare. Sarà altresì importante che abbiate tutti gli ingredienti puliti e ben pronti per essere cucinati

- **Non abbattere la cottura dopo la CBT:** per la maggior parte delle volte, se volete dei risultati più "croccanti" è necessario che abbattiate la temperatura degli alimenti dopo la cottura a bassa temperatura. Ciò vi permetterà di passare gli alimenti in padella, forno o piastra, ed avere risultati maggiormente desiderati.

- **Non tenere sotto controllo la temperatura e i tempi di cottura:** è importante monitorare la situazione, perché questo è un tipo di cottura che dà risultati soddisfacenti ma che necessita di temperature costanti. Questo vale in pratica se cucinate con pentola e acqua scaldata. Anche se le vostre pietanze non saranno mai "stracotte" è giusto, soprattutto in questo caso, che rispettiate i tempi di cottura entro i margini. Se il tipo di cottura non vi soddisfa potete aggiungere qualche minuto, ma state attenti che i minuti non diventino ore. Nel terzo capitolo vi vengono mostrati infatti, tabelle con tempi e temperature di cotture per specifici alimenti. Questo problema non si pone se utilizzate delle apparecchiature professionali che terranno al posto vostro sotto controllo tempi e temperature e vi indicheranno essi stessi il termine della cottura e manterranno la cottura già stabilita.

Capitolo 2 - Ricette di antipasti

CUBETTI DI SALMONE CON POMODORINI CONFIT E SALSA ALLA SENAPE

TEMPO DI PREPARAZIONE: 20 minuti + 20 minuti di marinatura
TEMPO DI COTTURA: 12 minuti
CALORIE: 430 a porzione
MACRONUTRIENTI: CARBOIDRATI 14 GR; PROTEINE 38 GR; GRASSI 16 GR

INGREDIENTI PER 2 PERSONE

- 2 filetti di salmone da 150 gr ciascuno
- 12 pomodorini
- Qualche fogliolina di basilico
- 1 limone
- 1 rametto di rosmarino
- 1 rametto di Timo
- 1 cucchiaino di zucchero
- Olio d'oliva q.b.
- Sale q.b.

Per la salsa alla senape

- 4 cucchiai di senape
- 1 cucchiaino di olio di oliva
- 1 cucchiaio di yogurt bianco
- Paprika q.b.
- Sale q.b.

PREPARAZIONE

1. Iniziate la ricetta preparando i pomodori *confit.*
2. Lavate e tagliate i pomodorini in due, metteteli su carta forno in una teglia con basilico, zucchero, sale, olio e infornate a 180° per 30/40 minuti.
3. Procedete con il pulire e far marinare il filetto di salmone.
4. Il salmone deve essere già stato messo nell'abbattitore e tirato fuori qualche ora prima dal frigo.
5. Togliete la pelle e, se presenti eventuali lische, eliminatele con una pinzetta da pesce.
6. Lavatelo sotto l'acqua corrente e poi asciugatelo con carta assorbente.
7. Dopo averlo asciugato, tagliate il salmone a cubetti.
8. Lavate anche il rosmarino ed il timo e tritateli.
9. In una ciotola, preparate la marinatura del salmone
10. Mischiate il sale con lo zucchero, unite un cucchiaio di olio d'oliva, il trito di rosmarino e timo ed il pepe.
11. Mescolate la marinatura e passatela nei cubetti di salmone.
12. Lasciateli marinare per 20 minuti circa.
13. Mettete i vostri cubetti di salmone marinati direttamente in un sacchetto per sottovuoto
14. Sigillate il sacchetto e fate cuocere i cubetti di salmone a 70°C per 12 minuti circa.
15. Nel frattempo, i pomodori saranno pronti. Tirateli fuori dal forno e lasciate raffreddare.
16. Lasciate raffreddare anche i cubetti di salmone senza abbatterli.
17. Preparate la salsa alla senape, mescolando in una ciotolina la senape, lo yogurt, il cucchiaio di olio di oliva e la paprika.

18. Servite i cubetti di salmone accompagnati dai pomodori *confit* e la salsa alla senape.

CUBETTI DI SALMONE AL ROSMARINO CON CREMA DI YOGURT E AVOCADO

TEMPO DI PREPARAZIONE: 20 minuti + 20 minuti di marinatura
TEMPO DI COTTURA: 15 minuti
CALORIE: 460 a porzione
MACRONUTRIENTI: CARBOIDRATI 18 GR; PROTEINE 39 GR; GRASSI 18 GR

INGREDIENTI PER 2 PERSONE
- 2 Filetti di salmone da 150gr ciascuno
- 1 rametto di rosmarino
- 30 gr di zucchero
- 20 gr di sale
- Pepe nero q.b.

Per la crema di yogurt e avocado
- 1 avocado
- Il succo di mezza arancia
- 100 gr di yogurt greco
- 60 ml di olio di oliva
- Peperoncino q.b.

PREPARAZIONE
1. Iniziate la ricetta pulendo il filetto di salmone.
2. Il salmone deve essere già stato messo nell'abbattitore e tirato fuori qualche ora prima dal frigo.

3. Togliete la pelle e, se presenti eventuali lische, eliminatele con una pinzetta da pesce.
4. Lavatelo sotto l'acqua corrente e poi asciugatelo con carta assorbente.
5. Dopo averlo asciugato, tagliate il salmone a cubetti.
6. Lavate anche il rosmarino fresco.
7. In una ciotola, preparate la marinatura del salmone
8. Mischiate il sale con lo zucchero, unite un cucchiaio di olio d'oliva, il rosmarino e il pepe.
9. Mescolate la marinatura e passatela nei cubetti di salmone.
10. Lasciateli marinare per 20/25 minuti circa.
11. Mettete i vostri cubetti di salmone marinati direttamente in un sacchetto per sottovuoto
12. Sigillate il sacchetto e fate cuocere i cubetti di salmone a 62°C per 15 minuti circa.
13. Nel frattempo, preparata la crema di yogurt avocado.
14. Sbucciate l'avocado ed estraetene la polpa.
15. Frullate la polpa di avocado con il succo di mezza arancia, lo yogurt, l'olio, il sale ed un pizzico di peperoncino.
16. Frullate fino a quando non otterrete una crema lisca a compatta.
17. Trascorsi i 15 minuti di cottura a bassa temperatura, fateli abbattere un minuto in acqua e ghiaccio, dopodiché tirate fuori i cubetti di salmone.
18. Non c'è bisogno di saltarli in padella perché devono avere una consistenza morbida.
19. Servite i cubetti di salmone accompagnati con la crema di yogurt e avocado.

CROSTINI AI GAMBERI

TEMPO DI PREPARAZIONE: 15 minuti

TEMPO DI COTTURA: 15minuti

CALORIE: 158 a porzione

MACRONUTRIENTI: CARBOIDRATI: 11 GR; PROTEINE: 8 GR; GRASSI: 4 GR

INGREDIENTI PER 4 PERSONE

- 8 fette di pane per crostini rotondo
- 150 gr di code di gamberi
- 20 gr di maionese
- 30 ml di brandy
- La buccia di un limone
- 2 foglie di salvia
- Olio di oliva q.b.

- Sale e pepe q.b.

PREPARAZIONE

1. Iniziate con i, gamberi. Togliete, se ancora presente il filamento intestinale, poi lavateli, asciugateli e sgusciateli.
2. Prendete un sacchetto per il sottovuoto e mettete all'interno i gamberi.
3. Lavate e asciugate le foglie di salvia e mettetele nel sacchetto con i gamberi.
4. Lavate e asciugate la buccia di limone e mettetela assieme ai gamberi, aggiungete nel sacchetto anche il brandy, un po' di olio di oliva sale e pepe.
5. Aspirate l'aria, sigillate il sacchetto e fate cuocere nel bagno termico a 55° per 10 minuti.
6. Passato il tempo di cottura, togliete il sacchetto e mettete a raffreddare in acqua e ghiaccio.
7. Togliete i gamberi dal sacchetto e buttate tutto il resto.
8. Fate riscaldare in una padella un po' di olio di oliva e poi fate rosolare i gamberi per un paio di minuti.
9. Adesso tostate le rondelle di pane, mettetele in un grande piatto da portata, spalmatele con la maionese e mettete sopra ogni rondella i gamberi.
10. Spolverizzate la superficie dei gamberi con erba cipollina e grani di pepe rosa.

COCKTAIL DI GAMBERI

TEMPO DI PREPARAZIONE: 10 minuti
TEMPO DI COTTURA: 10minuti
CALORIE: 200 a porzione

MACRONUTRIENTI: CARBOIDRATI: 16 GR; PROTEINE: 21 GR; GRASSI: 5 GR

INGREDIENTI PER 4 PERSONE

- 400 gr di gamberetti già lavati e sgusciati
- 200 gr di maionese
- 60 gr di ketchup
- 2 limoni
- 1 cucchiaino di tabasco
- 2 foglie di alloro
- 2 foglie di salvia
- 8 foglie di lattuga

PREPARAZIONE

1. Iniziate la preparazione con i gamberi. Lavateli e asciugateli e poi metteteli dentro un sacchetto per il sottovuoto.
2. Lavate e asciugate uno dei limoni e poi tagliatelo a rondelle.
3. Lavate alloro e salvia.
4. Mettete all'interno del sacchetto anche le erbe aromatiche, le rondelle di limone, olio di oliva, sale e pepe.
5. Aspirate l'aria, sigillate il sacchetto e fate cuocere nel bagno termico a 55° per 10 minuti.
6. Nel frattempo che i gamberi cuociono, preparate la salsa rosa.
7. Mettete in una ciotola il ketchup, la maionese e il tabasco. Mescolate e amalgamate poi aggiungete il succo filtrato dell'altro limone.
8. Mescolate fino a quando il limone non è ben amalgamato alla salsa.

---

9. Lavate e asciugate bene le foglie di lattuga.
10. Mettetene 4 da parte e tritate le altre 4. Trasferite le lattughe tritate all'interno della ciotola con la salsa rosa.
11. Mescolate e amalgamate.
12. Nel frattempo, i gamberi saranno cotti. Togliete il sacchetto, e mettetelo a raffreddare in acqua e ghiaccio.
13. Togliete i gamberi dal sacchetto e buttate il resto. Trasferite i gamberi nella ciotola con la salsa rosa. Mescolate bene.
14. Mettete in una coppa le foglie di lattuga intere, mettete all'interno un po' di gamberi in maniera equa in tutte le coppe e poi trasferite in frigo fino a quando non è tempo di servirle.

GAMBERONI CON SPECK CROCCANTE E ACETO BALSAMICO

TEMPO DI PREPARAZIONE: 10 minuti
TEMPO DI COTTURA: 15minuti
CALORIE: 184 a porzione
MACRONUTRIENTI: CARBOIDRATI: 13 GR; PROTEINE: 23 GR; GRASSI: 7 GR

INGREDIENTI PER 4 PERSONE
- 8 gamberoni
- 8 fettine sottili di speck
- 4 fette di pane per crostini
- 4 foglie di salvia
- 1 rametto di rosmarino
- La buccia di un limone
- Sale e pepe q.b.

- Olio di oliva q.b.
- Glassa all'aceto balsamico q.b.

PREPARAZIONE

1. Iniziate con il pulire i gamberoni. Togliete testa e coda, sgusciateli e poi togliete il filamento intestinale.
2. Lavate e asciugate salvia e rosmarino e la buccia di limone.
3. Mettete i gamberoni in una ciotola, irrorateli con olio di oliva e spolverizzateli con sale e pepe.
4. Mescolateli delicatamente in modo da insaporire tutti i gamberoni e poi metteteli in un sacchetto per il sottovuoto.
5. Mettete all'interno del sacchetto anche le erbe aromatiche e la buccia di limone.
6. Aspirate l'aria, sigillate il sacchetto e fate cuocere nel bagno termico a 55° per 10 minuti.
7. Passato il tempo di cottura, togliete il sacchetto e mettete a raffreddare in acqua e ghiaccio.
8. Togliete i gamberi dal sacchetto e buttate tutto il resto.
9. Avvolgete i gamberoni nelle fette di speck e fateli rosolare in una padella antiaderente fino a quando lo speck non diventa croccante all'esterno.
10. Tostate le fette di pane, tagliatele a metà e adagiate su ogni crostino due gamberoni.
11. Cospargete il tutto con la glassa di aceto balsamico e decorate con fili di erba cipollina.

Capitolo 3 – Ricette di primi

CREMA DI PATATE CON POMODORI SECCHI

TEMPO DI PREPARAZIONE: 15 minuti
TEMPO DI COTTURA: 35 minuti
CALORIE: 240 a porzione
MACRONUTRIENTI: CARBOIDRATI 32 GR; PROTEINE 7GR; GRASSI 9 GR

INGREDIENTI PER 2 PERSONE
• 3 patate di medie dimensioni

- 4 tuorli di uova
- latte di avena (o di soia) q.b.
- 10 pomodori secchi
- olio d'oliva q.b.
- parmigiano grattugiato q.b.
- Sale e pepe q.b.

PREPARAZIONE

1. Per prima cosa, lavate e sbucciate le patate.
2. Mettetele a sbollentare in acqua bollente, per una ventina di minuti.
3. Non devo essere perfettamente cotte, ma solo leggermente sbollentate.
4. Con l'aiuto di uno schiacciapatate ricavate una purea di patate.
5. Trasferite le patate in un sacchetto per il sottovuoto con un cucchiaino di acqua e fatele cuocere a bagnomaria a 85° per 12/15 minuti.
6. Devono essere perfettamente morbide.
7. Terminata la cottura, abbattetele subito in acqua e ghiaccio.
8. Nel frattempo, sbattete, in una ciotola, i 4 tuorli con un cucchiaio di latte di avena (o di soia).
9. Adesso prendete una padella antiaderente e fatela scaldare con un goccio di olio d'oliva e, appena scaldato, versare le patate sgocciolate.
10. Aggiungete un po' di parmigiano grattugiato, le uova sbattute e un po' di acqua per favorire la creazione della crema di patate.
11. Continuate a mescolare fino a quando la crema non sarà cotta del tutto.

12. Tagliate, infine, i pomodori secchi a listarelle.
13. Adesso potete impiattare mettendo al centro dei piatti la crema di patate.
14. Aggiungete una spolverata di parmigiano grattugiato, i pomodori secchi a listarelle, una macinata di pepe e un giro di olio d'oliva.

CREMA DI ZUCCHINE AROMATIZZATA

TEMPO DI PREPARAZIONE: 10 minuti
TEMPO DI COTTURA: 40 minuti
CALORIE: 210 a porzione
MACRONUTRIENTI: CARBOIDRATI 23 GR; PROTEINE 5 GR; GRASSI 1 GR

INGREDIENTI PER 4 PERSONE
- 8 zucchine
- 200 ml di brodo vegetale
- Due cucchiai di senape
- Uno spicchio di aglio
- Preparato di mix di erbe e spezie
- Olio di oliva q.b.
- Sale q.b.
- Crostini di pane q.b.

PREPARAZIONE
1. Per prima cosa, fate scaldare una pentola (o il macchinario per CBT) alla temperatura di 85°C.
2. Nel frattempo che l'acqua si scaldi, lavate e mondate le zucchine, dopodiché tagliatele a fette piuttosto sottili.

3. Inserite le zucchine con l'olio d'oliva, il sale, ed il mix di spezie all'interno di un sacchetto per sottovuoto.
4. Sigillatelo e, non appena l'acqua sarà arrivata a temperatura, immergetele nel bagno termico per 20 minuti circa.
5. Verificate che le zucchine siano cotte.
6. Nel frattempo, mettete il brodo vegetale a scaldare.
7. Non appena saranno cotte, tiratele fuori dal sacchetto e mettetele in un mixer.
8. Aggiungete il brodo vegetale scaldato, i due cucchiaini di senape e frullate fino ad ottenere una crema del tutto liscia.
9. Mettete la crema ancora bollente in un piatto fondo con una spolverata di pepe nero.
10. Servite con i crostini di pane.

CREMA DI ZUCCA GIALLA CON POMODORI E CROSTINI INTEGRALI

TEMPO DI PREPARAZIONE: 10 minuti
TEMPO DI COTTURA: 40 minuti
CALORIE: 180 a porzione
MACRONUTRIENTI: CARBOIDRATI 16 GR; PROTEINE 3 GR; GRASSI 2 GR

INGREDIENTI PER 4 PERSONE
- 500 gr di zucca gialla
- 350 ml di brodo vegetale
- ½ scalogno
- 30 gr di burro
- Foglie di salvia q.b.
- Crostini di pane integrali q.b.

- 16 pomodorini
- Sale e pepe q.b.
- Aceto
- 1 pizzico di zucchero

PREPARAZIONE

1. Impostate il vostro dispositivo per cottura a bassa temperatura, o fate scaldare una pentola con dell'acqua fino alla temperatura di 85°C.
2. Spellate e tagliate la zucca a pezzi, mettetela in buste sottovuoto.
3. Sigillate il sacchetto e fate cuocere per 40 minuti alla temperatura impostata.
4. Quando sarà cotta estraetela dalla busta e frullatela con del brodo vegetale, un pizzico di noce moscata, sale e pepe.
5. Aggiungete il brodo a poco a poco e regolatevi voi a seconda della consistenza desiderata.
6. Aggiustate di sale e pepe
7. Mettete la crema di zucca da parte.
8. Nel frattempo, fate arrostire i crostini di pane in una padella scaldata con un po' di olio d'oliva.
9. Preparate anche i pomodori.
10. Lavateli e tagliateli in due. Conditeli con olio sale e aceto ed il pizzico di zucchero.
11. Servite la crema ancora calda con una spolverata di pepe, crostini di pane integrali arrostiti e i pomodori.

VELLUTATA DI ZUCCA E CAROTE CON ROBIOLA

TEMPO DI PREPARAZIONE: 20 minuti

TEMPO DI COTTURA: 1 ora e 30 minuti

CALORIE: 200 a porzione

MACRONUTRIENTI: CARBOIDRATI 25 GR; PROTEINE 7 GR; GRASSI 6 GR

INGREDIENTI PER 4 PERSONE

- 400 gr di polpa di zucca
- 200 gr di carote
- 350 ml di brodo vegetale
- ½ scalogno
- 30 gr di burro
- 130 gr di robiola
- Glassa di aceto balsamico q.b.
- Foglie di salvia q.b.
- Crostini di pane q.b.
- Sale e pepe q.b.

PREPARAZIONE

1. Impostate il vostro dispositivo per cottura a bassa temperatura, o fate scaldare una pentola con dell'acqua fino alla temperatura di 80°C.
2. Nel frattempo, sbucciate la zucca e le carote e tagliatele a pezzetti.
3. Mettete la verdura tagliata a pezzetti in un sacchetto per sottovuoto insieme al burro, alla salvia e allo scalogno.

4. Quando l'acqua sarà arrivata a temperatura, immergete nel bagno termico il sacchetto con le verdure e lasciate cuocere per 1 ora e 30 minuti circa.
5. Ricordatevi di verificare sempre consistenza e cottura delle verdure.
6. Quando la verdura sarà pronta mettetela con il brodo in un mixer e frullate fino a ottenere una crema liscia e densa.
7. Aggiustate di sale e pepe.
8. Fate arrostire i crostini di pane in una padella scaldata con un po' di olio d'oliva.
9. Servite la crema ancora calda con un cucchiaio di robiola, una spolverata di pepe, le foglie di salvia, i crostini di pane arrostiti e gocce di glassa di aceto balsamico.

VELLUTATA DI ZUCCHINE E PISELLI CON SEMI DI LINO

TEMPO DI PREPARAZIONE: 10 minuti
TEMPO DI COTTURA: 20 minuti
CALORIE: 280 a porzione
MACRONUTRIENTI: CARBOIDRATI 29 GR; PROTEINE 11 GR; GRASSI 2 GR

INGREDIENTI PER 4 PERSONE
- 500 gr di zucchine
- 600 gr di piselli freschi
- 10 foglie di coriandolo
- 3 rametti di timo
- Semi di lino q.b.
- Olio d'oliva q.b.
- Sale e pepe q.b.

PREPARAZIONE

1. Per prima cosa, occupatevi di preparare le verdure.
2. Sgranate i piselli e metteteli in una ciotola.
3. Lavare e tagliate a fette le zucchine.
4. Inserite sia le zucchine che i piselli in due sacchetti per la cottura sottovuoto diversi.
5. Sigillate entrambi i sacchetti.
6. Immergete i sacchetti nella pentola dove è stata scaldata l'acqua o in una vasca per cottura a bassa temperatura.
7. Se utilizzate un roner, quando questo avrà raggiunto la temperatura desiderata per la cottura, immergete i sacchetti con le verdure e fare cuocere a 80°C per 20 minuti.
8. Trascorso il tempo di cottura a bassa temperatura, estraete i sacchetti dall'acqua.
9. Aprirteli e mettete il contenuto nel bicchiere di un mixer ad immersione insieme a sale, abbondante olio evo, i rametti di timo, il coriandolo e un bicchiere di acqua bollente.
10. Frullate fino ad ottenere una crema liscia e morbida.
11. Servite la vellutata in 4 piatti fondi, aggiungete i semi di lino sopra, e un filo di olio d'oliva.

BUCATINI CON CECI ZUCCA E GAMBERETTI

TEMPO DI PREPARAZIONE: 30 minuti + due ore di marinatura
TEMPO DI COTTURA: 30 minuti
CALORIE: 670 a porzione
MACRONUTRIENTI: CARBOIDRATI 72 GR; PROTEINE 15 GR; GRASSI 7 GR

INGREDIENTI PER 4 PERSONE

- 400 g di bucatini
- 350 gr di zucca
- 16 gamberetti già lavati e sgusciati
- 60 ml di olio d'oliva
- 150 gr di ceci già lessati
- 1 rametto di rosmarino
- Un pizzico di zenzero in polvere
- Un pizzico di aglio in polvere
- Sale e pepe q.b.

PREPARAZIONE

1. Per prima cosa, affettate la zucca e ricavate da ogni pezzo una dadolata di cubetti di massimo 5 mm di lato.
2. Pulite anche i gamberetti (anche se per risparmiare potete acquistarli già sgusciati), eliminando il filetto scuro centrale sulla schiena.
3. Lavate e sciacquate il pesce.
4. Lavate anche il rametto di rosmarino.
5. Adesso mettete la zucca, i gamberi, 1 cucchiaio di olio, lo zenzero, l'aglio in polvere e qualche foglia di rosmarino in un sacchetto per sottovuoto.
6. Lasciateli marinare almeno un paio di ore.
7. Passate le due ore, portate l'acqua (che sia in una pentola o in una vasca del macchinario per CBT) a scaldare alla temperatura di 80 gradi.
8. Immergete nel bagno termico la busta, e fatela cuocere per 30 minuti.
9. Verificate fino a che la zucca sarà cotta ma croccante (quindi non deve venire una purea) e i gamberi ancora morbidi.

---

10. Occupatevi adesso della pasta.
11. Fate lessare i bucatini in acqua bollente salata.
12. Nel frattempo, scaldate l'olio rimasto in una larga padella, unite i ceci (già lessati) e fateli scaldare.
13. Non appena la pasta sarà al dente, scolatela, dopodiché passatela in padella con i ceci scaldati.
14. Unite infine i gamberetti e la zucca.
15. Saltate il tutto a lungo fuori dal fuoco, regolate di sale e pepe e servite.

Capitolo 4 – Ricette di secondi

Secondi di carne

CONTROFILETTO DI MANZO AI CAPPERI

TEMPO DI PREPARAZIONE: 20minuti
TEMPO DI COTTURA: 1 ora e 40minuti
CALORIE: 240 a porzione
MACRONUTRIENTI: CARBOIDRATI 1 GR; 35 GR DI PROTEINE; 7GR DI GRASSI

INGREDIENTI PER 2 PERSONE
- 4 fette di controfiletto da 150 gr ciascuna
- 2 cucchiai di capperi
- 2 rametti di rosmarino

- Due foglie di salvia
- 2 rametti di timo
- 2 fili di erba cipollina
- Uno spicchio d'aglio
- Due cucchiai di vino bianco
- 2 cucchiaini di olio di oliva
- Sale q.b.
- Pepe q.b.

PREPARAZIONE

1. Strizzate i capperi e poi tritateli finemente.
2. Passate alla carne. Togliete il grasso in eccesso, lavatela sotto acqua corrente e asciugatela con carta assorbente.
3. Lavate salvia, timo e rosmarino, erba cipollina e poi asciugateli.
4. Sbucciate, lavate e asciugate l'aglio, poi tagliatelo a metà.
5. In una ciotola mettete l'olio di oliva e il vino. Mescolate per ottenere un'emulsione omogenea.
6. Massaggiate la carne con sale e pepe in modo che tutta la superficie della carne.
7. Spennellate la carne con il mix di olio e vino.
8. Prendete due sacchetti per il sottovuoto e mettete due fette di carne per ogni sacchetto.
9. Mettete all'interno di ogni sacchetto anche l'aglio e le erbe aromatiche.
10. Chiudete i sacchetti, estraete l'aria e poi sigillateli.
11. Impostate la temperatura a 57° e fate cuocere a bagnomaria per 1 ora e 30 minuti.
12. Passato il tempo di cottura togliete i sacchetti dal bagno termico e metteteli a raffreddare in acqua e ghiaccio.

13. Appena la carne sarà fredda toglietela dai sacchetti e tenete da parte il fondo di cottura.
14. Mettete a riscaldare un po' di olio di oliva in una padella antiaderente.
15. Mettete a rosolare la carne un paio di minuti per lato, fino a quando non si sarà formata la crosticina esterna croccante.
16. Aggiungete un po' del liquido di cottura filtrato e i capperi. fate insaporire la carne da entrambi i lati e poi servite.

FILETTO DI MANZO IN SALSA PICCANTE

TEMPO DI PREPARAZIONE: 20minuti
TEMPO DI COTTURA: 60minuti
CALORIE: 280 a porzione
MACRONUTRIENTI: CARBOIDRATI 2 GR; 33 GR DI PROTEINE; 17 GR DI GRASSI

INGREDIENTI PER 4 PERSONE
- 4 fette di filetto di manzo da 150 gr ciascuna
- 2 spicchi d'aglio
- 2 rametti di rosmarino
- 1 limone
- 2 foglie di salvia
- 100 gr di olive verdi denocciolate
- 100 gr di pomodori pelati
- Un peperoncino piccante
- Vino bianco q.b.
- Olio di oliva q.b.
- Sale q.b.

- Pepe q.b.

PREPARAZIONE

1. Lavate e asciugate le fette di filetto. Poi massaggiate la carne con sale e pepe.
2. Spennellate la carne con olio di oliva e mettetela in due sacchetti per il sottovuoto, cercando di non sovrapporre i filetti.
3. Sbucciate gli spicchi d'aglio, lavateli e asciugateli.
4. Lavate e asciugate salvia e rosmarino.
5. Lavate e asciugate il limone e poi tagliatelo a rondelle.
6. Mettete nei sacchetti con la carne anche il limone, le erbe, e l'aglio, aggiungete due cucchiaini di vino per ogni sacchetto e poi aspirate l'aria.
7. Sigillate i sacchetti e poi metteteli nel bagno termico e fate cuocere a 55° per 50 minuti.
8. Nel frattempo che la carne cuoce, preparate il resto del piatto.
9. Prendete le olive, asciugatele con carta assorbente e poi tritatele finemente.
10. Prendete il peperoncino, lavatelo, asciugatelo e poi tritatelo.
11. Quando sarà passato il tempo di cottura prendete i sacchetti e metteteli a raffreddare in acqua e ghiaccio.
12. Aprite i sacchetti e prelevate la carne, potete buttare il fondo di cottura.
13. Mettete a riscaldare in una padella un po' di olio di oliva e fate rosolare la carne un paio di minuti per lato, in modo che si formi una crosta croccante all'esterno.

14. Togliete la carne e mettete a soffriggere per un minuto le olive. Spruzzate un po' di vino bianco, fate evaporare poi aggiungete il pomodoro, un pizzico di sale e il peperoncino.
15. Fate cuocere per 5 minuti e abbassate la fiamma al minimo. Mettete la carne in padella, fate insaporire e servite subito.

FILETTO DI VITELLO AL MADERA E CAROTE

TEMPO DI PREPARAZIONE: 30minuti
TEMPO DI COTTURA: 1 ora e 10 **minuti**
CALORIE: 240 a porzione
MACRONUTRIENTI: CARBOIDRATI 2 GR; 32 GR DI PROTEINE; 14 GR DI GRASSI

INGREDIENTI PER 4 PERSONE
- 4 filetti di vitello da 150 gr ciascuno
- 2 rametti di rosmarino
- Uno spicchio d'aglio
- 2 foglie di alloro
- Uno scalogno
- Una carota
- 2 cucchiai di Madera
- 50 ml di brodo di carne
- Sale e pepe q.b.
- Olio di oliva q.b.

PREPARAZIONE

1. Lavate e asciugate i filetti di vitello. Massaggiate l'intera superficie della carne con sale e pepe e spennellatela con olio di oliva.
2. Mettete i filetti in due buste separate senza sovrapporli.
3. Sbucciate, lavate e asciugate l'aglio e poi tagliatelo a metà.
4. Lavate e asciugate alloro e rosmarino.
5. Mettete nei sacchetti anche aglio e erbe aromatiche e un cucchiaio di Madera per ogni sacchetto.
6. Aspirate l'aria, sigillate i sacchetti e metteteli a cuocere a 55° per un'ora.
7. Sbucciate e lavate lo scalogno e poi lo tritatelo.
8. Spuntate la carota, sbucciatela e poi tagliatela a fettine con l'apposito attrezzo.
9. In un altro sacchetto mettete le carote e lo scalogno, aggiungete un cucchiaio di olio di oliva, sale e pepe.
10. Aspirate l'aria, sigillate il sacchetto e fate cuocere a 85° per 45 minuti.
11. Appena la carne sarà cotta, togliete i sacchetti dal bagnomaria e metteteli a raffreddare in acqua e ghiaccio.
12. Riscaldate in un tegame con un po' di olio di oliva e quando sarà caldo mettete a rosolare il filetto fino a quando all'esterno non si sarà formata una crosta croccante.
13. Togliete il sacchetto con le verdure dal bagnomaria e metteteli a raffreddare.
14. Prendete lo stesso tegame e mettete a soffriggere le verdure un paio di minuti, fate insaporire con altro madera e poi aggiungete il brodo di carne.

15. Fate restringere il brodo e poi spegnete il fuoco. Con un frullatore a immersione tritate il tutto fino ad ottenere una salsa omogenea.
16. Mettete il sughetto in fondo al piatto e adagiate i filetti sopra. Servite con la salsina a parte.

ARROSTO DI VITELLO CON SALSA AL FORMAGGIO E PESTO

TEMPO DI PREPARAZIONE: 30minuti
TEMPO DI COTTURA: 5 ore e 30 minuti
CALORIE: 355 a porzione
MACRONUTRIENTI: CARBOIDRATI 4GR; 35GR DI PROTEINE; 20 GR DI GRASSI

INGREDIENTI PER 4 PERSONE
- 600 gr di noce di vitello in un solo pezzo
- 1 rametto di timo
- 1 rametto di rosmarino
- 2 foglie di salvia
- 2 foglie di alloro
- 20 ml di vino bianco
- 60 gr di formaggio spalmabile alle erbe
- 50 ml di panna da cucina
- 2 cucchiai di pesto genovese
- Sale e pepe q.b.
- Olio di oliva q.b.

PREPARAZIONE

1. Iniziamo con il preparare l'arrosto. Togliete il grasso esterno in eccesso, poi lavate e asciugate la carne.
2. Lavate e asciugate salvia, alloro, timo e rosmarino.
3. Spennellate la carne con olio di oliva, massaggiatela con sale e pepe e poi mettetela in un sacchetto per il sottovuoto.
4. Aggiungete le erbe aromatiche e un cucchiaio di vino.
5. Aspirate l'aria e sigillate il sacchetto.
6. Montate il roner in una pentola d'acqua abbastanza capiente e impostate la temperatura a 63°.
7. Appena l'acqua sarà arrivata a temperatura mettete il sacchetto nel bagnomaria e fate cuocere per 5 ore.
8. Passato il tempo di cottura togliete il sacchetto e fate raffreddare in acqua e ghiaccio.
9. In una ciotola mescolate assieme il formaggio aromatizzato, la panna e il pesto.
10. Appena la carne sarà fredda trasferitela in una padella con olio di oliva caldo e fatela rosolare fino a quando non sarà bella croccante all'esterno.
11. Togliete l'arrosto dalla padella e trasferitela su un tagliere, versate il composto di panna e formaggio nella stessa pentola e fate cuocere un paio di minuti fino a quando la non otterrete una salsa fluida e compatta.
12. Tagliate l'arrosto a fettine e servite cosparso con il sugo al pesto e formaggio.

FILETTO DI MANZO CON SALSA ALLA RUCOLA

TEMPO DI PREPARAZIONE: 20minuti
TEMPO DI COTTURA: 60minuti
CALORIE: 393 a porzione
MACRONUTRIENTI: CARBOIDRATI 2GR; 32GR DI PROTEINE; 14 GR DI GRASSI

INGREDIENTI PER 4 PERSONE

- 4 fette di filetto di manzo da 150 gr ciascuna
- 2 rametti di timo
- 2 rametti di rosmarino
- 1 carota
- Mezza cipolla viola
- 1 costa di sedano
- Sale e pepe q.b.
- Olio di oliva q.b.
- 100 gr di rucola già pulita

PREPARAZIONE

1. Lavate e asciugate i filetti di vitello. Massaggiate l'intera superficie della carne con sale e pepe e spennellatela con olio di oliva.
2. Mettete i filetti in due buste separate senza sovrapporli.
3. Lavate e asciugate timo e rosmarino e inseriteli nei sacchetti.
4. Spuntate la carota, sbucciatela, tagliatela a rondelle non troppo piccole e mettetela nei sacchetti della carne.
5. Sbucciate e lavate la cipolla, tagliatela a rondelle e mettetela nei sacchetti.

6. Fate lo stesso con il sedano, lavatelo, mondatelo e poi tritatelo e trasferitelo nei sacchetti.

7. Aggiungete nei sacchetti due cucchiai dia acqua calda per ciascuno e poi aspirate l'aria.

8. Sigillate i sacchetti e metteteli a cuocere a 55° per 40 minuti.

9. Appena la carne sarà cotta, togliete i sacchetti dal bagnomaria e metteteli a raffreddare in acqua e ghiaccio.

10. Togliete la carne dai sacchetti e filtrate in una ciotola il liquido di cottura.

11. Riscaldate in un tegame con un po' di olio di oliva e quando sarà caldo mettete a rosolare il filetto fino a quando all'esterno non si sarà formata una crosta croccante.

12. Togliete il filetto e mettete il liquido di cottura. Quando sarà abbastanza caldo aggiungete la rucola, fate insaporire un paio di minuti e poi spegnete il fuoco. Con un frullatore ad immersione tritate il tutto fino a quando non otterrete un sugo denso e omogeneo.

13. Mettete i filetti in piatti individuali e servite cosparsi con la salsa di rucola.

STINCO DI VITELLO CON ERBE AL MARSALA

TEMPO DI PREPARAZIONE: 30minuti

TEMPO DI COTTURA: 8 ore e 15minuti

CALORIE: 323 a porzione

MACRONUTRIENTI: CARBOIDRATI 3GR; 39GR DI PROTEINE; 14 GR DI GRASSI

43

INGREDIENTI PER 4 PERSONE

- 1 stinco di vitello da 800 gr
- 1 cipolla
- 1 rametto di rosmarino
- 3 foglie di salvia
- 1 rametto di dragoncello
- 4 bacche di ginepro
- 1 spicchio d'aglio
- 80 ml di vino bianco
- 50 ml di marsala
- Olio di oliva q.b.
- Sale q.b.
- Pepe q.b.

PREPARAZIONE

1. Iniziate con il preparare lo stinco. Lavatelo sotto acqua corrente ed asciugatelo con carta assorbente.
2. Rifinite la carne in modo da eliminare l'eccesso di grasso.
3. Prima di procedere alla cottura dovete marinare lo stinco.
4. In una ciotola mettete 2 cucchiai di sale e un cucchiaino di zucchero di canna. Cospargete l'intero stinco con il composto in modo da coprire tutta la carne. Poi mettete la carne a riposare in frigo per 4 ore.
5. Passato il tempo di marinatura, togliete la carne dal frigo e massaggiatela carne con olio, sale e pepe.
6. Adesso inserite lo stinco nell'apposito sacchetto per il sottovuoto.
7. Sbucciate la cipolla, lavatela, asciugatela e poi tritatela finemente.

8. Sbucciate l'aglio, lavatelo, togliete il filamento verde e poi tritatelo finemente.

9. Lavate e asciugate rosmarino, salvia e dragoncello e inseriteli nel sacchetto.

10. Aggiungete pure le bacche di ginepro e 20 ml di vino bianco.

11. Aspirate l'aria, sigillate il sacchetto e fate cuocere nel bagno termico a 80°per 8 ore.

12. Passate le 8 ore togliete lo stinco dal sacchetto e mettetelo nella pirofila. Irrorarlo con i succhi rimasti nel sacchetto e versare nella pirofila sia il marsala che il vino bianco.

13. Fate cuocere lo stinco a 170° per un'ora in forno, controllando sempre la cottura e girandolo e irrorandolo spesso con il sughetto che si è formato.

14. Passato il tempo di cottura in forno, trasferite la carne su un tagliere e lasciatela riposare per 5 minuti. Poi affettatela e servite le fettine cosparse con il fondo di cottura rimasto nella pirofila.

POLPETTE DI SCOTTONA

TEMPO DI PREPARAZIONE: 15minuti

TEMPO DI COTTURA: 1 ora e 15minuti

CALORIE: 218 a porzione

MACRONUTRIENTI: CARBOIDRATI 8GR; 13 GR DI PROTEINE; 14 GR DI GRASSI

INGREDIENTI PER 4 PERSONE

- 500 gr di macinato di Scottona
- Un ciuffo di prezzemolo
- 50 gr di parmigiano grattugiato
- 2 uova

- 50 ml di latte
- Sale e pepe q.b.
- Olio di oliva q.b.

PREPARAZIONE

1. Lavate e asciugate il prezzemolo e poi tritatelo finemente.
2. Mettete in una ciotola la carne macinata, il prezzemolo tritato, le uova, il parmigiano, il latte, il sale ed il pepe.
3. Mescolate gli ingredienti con una forchetta e poi impastate con le mani.
4. Prelevate una piccola quantità di carne con le mani inumidite di acqua e iniziate a formare le polpette.
5. Procedete allo stesso modo per tutte le polpette fino a quando non avrete esaurito il composto. In totale dovrebbero esserci 12 polpette.
6. Prendete 4 buste per il sottovuoto e inserite 3 polpette in ogni busta.
7. Aspirate l'aria, facendo attenzione a non aspirare troppo e così schiacciare le polpette e poi sigillate i sacchetti.
8. Mettete a cuocere nel bagno termico a 60° per un'ora.
9. Quando il tempo di cottura sarà finito, togliete il sacchetto dal bagno e fate raffreddare con acqua e ghiaccio.
10. Riscaldate in un tegame con un po' di olio di oliva e quando sarà caldo mettete a rosolare le polpette fino a quando all'esterno non si sarà formata una crosta croccante.
11. Togliete le polpette dalla padella e servite subito.

HAMBURGER DI MANZO E FUNGHI

TEMPO DI PREPARAZIONE: 30minuti

TEMPO DI COTTURA: 2 ore e 15minuti

CALORIE: 297 a porzione

MACRONUTRIENTI: CARBOIDRATI 2 GR; 23GR DI PROTEINE; 23 GR DI GRASSI

INGREDIENTI PER 4 PERSONE

- 500 gr di carne di manzo
- 200 gr di funghi champignon
- 60 gr di parmigiano grattugiato
- 2 cucchiai di latte
- Sale e pepe q.b.
- Olio di oliva q.b.
- 4 foglie di salvia

PREPARAZIONE

1. Iniziate con i funghi. Togliete la parte terrosa, lavateli e poi asciugateli. Tritateli finemente e metteteli in una ciotola.
2. Mettete nella ciotola con i funghi anche il tritato, il parmigiano e il latte. Regolate di sale e pepe.
3. Mescolate con una forchetta e poi impastate il composto con le mani.
4. Inumiditevi le mani con acqua e cominciate a formare gli hamburger. Prelevate 4 quantità di carne e poi schiacciateli con le mani in modo tale che si formino 4 grosse polpette schiacciate.

---

5. Prendete 4 sacchetti per il sottovuoto, mettete un hamburger per ogni sacchetto e poi aspirate l'aria e chiudeteli.
6. Fate cuocere gli hamburger a 55° per 2 ore.
7. Passato il tempo di cottura togliete i sacchetti dal bagnomaria e fate raffreddare in acqua e ghiaccio.
8. Fate riscaldare una griglia e quando sarà rovente togliete gli hamburger dal sacchetto e fateli grigliare un paio di minuti per parte, fino a quando all'esterno non saranno evidenti i segni del grill.
9. Servite accompagnati dal tipo panino rotondo tostato e con salse a vostro piacere.

POLPETTE DI MANZO AL SUGO DI POMODORO

TEMPO DI PREPARAZIONE: 30minuti
TEMPO DI COTTURA: 2 ore e 30minuti

CALORIE:340 a porzione

MACRONUTRIENTI: CARBOIDRATI 2 GR; 34 GR DI PROTEINE; 23GR DI GRASSI

INGREDIENTI PER 4 PERSONE

- 400 gr di macinato di manzo di primo taglio
- 200 gr di prosciutto cotto
- 50 gr di parmigiano grattugiato
- 5 foglie di basilico
- 50 gr di pangrattato
- 1 scalogno
- 1 gambo di sedano
- 2 uova
- 400 gr di pomodori pelati
- Sale e pepe q.b.
- Olio di oliva q.b.

PREPARAZIONE

1. Lavate e asciugate le foglie di basilico e poi tritatele.
2. Tritate il prosciutto molto finemente. Mettetelo in una ciotola e aggiungete il macinato. Aggiungete nella ciotola sale, pepe, il parmigiano, il pangrattato e le foglie di basilico tritate.
3. Amalgamate prima con una forchetta e poi impastate con le mani.
4. Inumidite le mani con dell'acqua, prelevate una piccola quantità di carne e iniziate a formare le polpette.
5. Procedete allo stesso modo per tutte le polpette fino a quando non avrete esaurito il composto. In totale dovrebbero esserci 12 polpette.

6. Prendete 4 buste per il sottovuoto e inserite 3 polpette in ogni busta.
7. Aspirate l'aria, facendo attenzione a non aspirare troppo e così schiacciare le polpette e poi sigillate i sacchetti.
8. Mettete a cuocere nel bagno termico a 60° per un'ora.
9. Nel frattempo, preparate il sugo di pomodori.
10. Sbucciate, lavate e asciugate lo scalogno e poi tritatelo finemente.
11. Spuntate la carota, sbucciatela, lavatela e tritatela.
12. Mondate il sedano e poi tritatelo finemente.
13. Prendete una padella antiaderente e mettete a riscaldare dell'olio. Appena caldo mettete le verdure tritate e fate appassire per 7 minuti, mescolando spesso per non fare bruciare.
14. Aggiustate di sale e pepe e poi versate il pomodoro pelato. Fate cuocere per 20 minuti, regolate di sale e pepe e poi togliete dal fuoco.
15. Quando il tempo di cottura sarà finito, togliete il sacchetto dal bagno e fate raffreddare con acqua e ghiaccio.
16. Riscaldate in un tegame con un po' di olio di oliva e quando sarà caldo mettete a rosolare le polpette fino a quando all'esterno non si sarà formata una crosta croccante.
17. Togliete le polpette dalla padella, passatele nel sugo di pomodoro e servite.

CONTROFILETTO DI MANZO MARINATO AL VINO ROSSO

TEMPO DI PREPARAZIONE: 30minuti+30 minuti di marinatura
TEMPO DI COTTURA: 1ora e 40minuti
CALORIE: 500 a porzione
MACRONUTRIENTI: CARBOIDRATI 10 GR; 34 GR DI PROTEINE; 7GR DI GRASSI

INGREDIENTI PER 4 PERSONE

- Un controfiletto da 600 gr
- 1 litro di vino rosso
- 2 rametti di timo
- 4 foglie salvia
- 2 rametti di rosmarino
- 2 foglie di alloro
- 6 bacche di ginepro
- Olio di oliva q.b.
- Sale e pepe q.b.

PREPARAZIONE

1. Lavate e asciugate la carne. Togliete il grasso in eccesso e poi mettetela in una grossa ciotola.
2. Mettete all'interno della ciotola il vino rosso e fate marinare la carne per 30 minuti a temperatura ambiente.
3. Lavate e asciugate salvia, timo e rosmarino.
4. Passati i 30 minuti togliete la carne dal vino e tamponatela con carta assorbente.
5. Spennellate la carne con olio di oliva e spolverizzate con sale e pepe.

6. Mettete il controfiletto in un sacchetto per il sottovuoto, aggiungete le erbe aromatiche aspirate l'aria e sigillate.

7. Impostate la temperatura a 57° e fate cuocere a bagnomaria per 1 ora e 30 minuti.

8. Quando il tempo di cottura sarà finito, togliete il sacchetto dal bagno e fate raffreddare con acqua e ghiaccio.

9. Togliete la carne dal sacchetto e buttate il liquido di cottura.

10. Riscaldate una griglia e quando sarà rovente fate arrostire il controfiletto da tutti i lati fino a quando non si saranno formate le tipiche striature della griglia.

11. Mettete la carne su un tagliere, tagliatela a fettine e servite.

VITELLO TONNATO

TEMPO DI PREPARAZIONE: 20minuti+2 ore di riposo in frigo
TEMPO DI COTTURA: 5 ore
CALORIE:289a porzione
MACRONUTRIENTI: CARBOIDRATI 3 GR; 26 GR DI PROTEINE; 17 GR DI GRASSI

INGREDIENTI PER 4 PERSONE

- 600 gr di girello di vitello
- 1 cipolla
- 1 carota
- 2 foglie di alloro
- 2 rametti di rosmarino
- 4 chiodi di garofano
- Vino bianco q.b.
- Sale e pepe q.b.

- Olio di oliva q.b.

Per la salsa tonnata

- 3 uova sode
- 150 gr di tonno sott'olio
- 30 gr di capperi
- 6 filetti di acciuga

PREPARAZIONE

1. Iniziamo con il preparare l'arrosto. togliete il grasso esterno in eccesso, poi lavate e asciugate la carne.
2. In una ciotola mettete assieme olio di oliva e vino bianco e poi spennellate l'intera superficie con l'emulsione al vino bianco.
3. Massaggiate la carne con sale e pepe e poi inseritela in un grande sacchetto per il sottovuoto.
4. Sbucciate, lavate e asciugate la cipolla e poi tagliatela a rondelle.
5. Spuntate, pelate, lavate e asciugate la carota. Tagliatela a pezzi non molto grandi.
6. Lavate e asciugate alloro e rosmarino.
7. Inserite adesso nel sacchetto anche le erbe aromatiche, le verdure e i chiodi di garofano.
8. Montate il roner in una pentola d'acqua abbastanza capiente e impostate la temperatura a 63°.
9. Appena l'acqua sarà arrivata a temperatura mettete il sacchetto nel bagnomaria e fate cuocere per 5 ore.
10. Passato il tempo di cottura togliete il sacchetto e fate raffreddare in acqua e ghiaccio.
11. Togliete la carne dal sacchetto e filtrate il liquido di cottura.

12. Mettete un po' di olio di oliva in una padella e quando sarà caldo e fate rosolare l'arrosto fino a quando non si sarà formata la crosticina croccante all'esterno.
13. Togliete la carne dal fuoco, fatela raffreddare e poi trasferitela in frigo per 2 ore.
14. Preparate adesso la salsa tonnata. Mettete in una ciotola mettete le uova sode tagliate a pezzetti.
15. Aggiungete il tonno, i filetti di acciuga e i capperi.
16. Aggiungete il fondo di cottura della carne e poi con un frullatore ad immersione frullate il tutto fino ad ottenere una salsa liscia ma non troppo liquida.
17. Prendete adesso l'arrosto dal frigo e tagliatelo a fettine.
18. Disponete le fettine su un piatto da portata cercando di non sovrapporle eccessivamente e cospargete la superficie con la salsa tonnata.
19. Tenete in frigo fino al momento di servire.

FILETTO DI VITELLO CON SALSA AL FORMAGGIO DI CAPRA

TEMPO DI PREPARAZIONE: 30minuti
TEMPO DI COTTURA: 1 ora e 30minuti
CALORIE: 348 a porzione
MACRONUTRIENTI: CARBOIDRATI 2 GR; 37 GR DI PROTEINE; 17 GR DI GRASSI

INGREDIENTI PER 4 PERSONE
1. 4 filetti di vitello da 150 gr ciascuno
2. 100 gr di formaggio di capra
3. 50 ml di panna da cucina

4. 2 spicchi d'aglio
5. 2 rametti di timo
6. 2 rametti di rosmarino
7. Sale e pepe q.b.
8. Olio di oliva q.b.
9. Grappa q.b.

PREPARAZIONE

1. Lavate e asciugate i filetti di vitello. Massaggiate l'intera superficie della carne con sale e pepe.
2. In una ciotola emulsionate assieme olio di oliva e grappa e poi spennellate l'intera superficie dei filetti con l'emulsione.
3. Prendete due sacchetti per il sottovuoto e mettete due filetti per sacchetto senza sovrapporli.
4. Lavate e asciugate timo e rosmarino.
5. Sbucciate, lavate e asciugate gli spicchi d'aglio.
6. Mettete l'aglio e le erbe aromatiche in maniera equa in entrambe i sacchetti.
7. Aspirate l'aria, sigillate i sacchetti e metteteli a cuocere a 55° per un'ora.
8. Quando sarà passato il tempo di cottura prendete i sacchetti e metteteli a raffreddare in acqua e ghiaccio.
9. Aprite i sacchetti e prelevate la carne e filtrate il liquido di cottura.
10. Prendete una griglia e quando sarà rovente mettete a grigliare i filetti fino a quando non si saranno formate le tipiche le striature della griglia.
11. Mettete la carne a riposare e nel frattempo fate la salsa al formaggio.

---

12. Mettete il liquido di cottura e la panna in un pentolino e portate a bollore mescolando spesso.
13. Quando sarò giunta a bollore togliete dal fuoco, mettete all'interno il formaggio di capra spezzettato e mescolate fino a quando il formaggio non sarà completamente fuso.
14. Servite il filetto cosparso con la salsa al formaggio.

Secondi di uova

UOVA ALLA FIORENTINA

TEMPO DI PREPARAZIONE: 10 minuti
TEMPO DI COTTURA: 30 minuti
CALORIE:176 a porzione
MACRONUTRIENTI: CARBOIDRATI: 7 GR PROTEINE:28 GR
GRASSI:11 GR

INGREDIENTI PER 4 PERSONE

- 4 uova grandi
- 400 gr di spinaci
- 200 ml di latte
- 40 gr di farina
- 40 gr di emmenthal
- Un pizzico di noce moscata
- Sale e pepe q.b.
- Olio di oliva q.b.

- Burro q.b.

PREPARAZIONE
1. Iniziate la preparazione le uova.
2. Impostate il roner a 75°.
3. Quando l'acqua sarà arrivata a temperatura, mettete delicatamente le uova all'interno della pentola una alla volta cercando di non farle rompere.
4. Nel frattempo, preparate gli spinaci. Lavateli e asciugateli. Poi fateli saltare per 10 minuti in un tegame con un filo d'olio di oliva. Prima di toglierli dal fuoco regolate di sale e pepe.
5. Posizionate nel fondo di un piatto da portata individuale gli spinaci.
6. Quando le uova saranno pronte, toglietele delicatamente dal bagnomaria una alla volta e mettetele sopra gli spinaci.
7. Spolverizzate con sale e pepe e passate a preparare la salsa al formaggio.
8. In un pentolino fate fondere una noce di burro.
9. Mettete la farina e fatela tostare per un paio di minuti mescolando di continuo con un cucchiaio di legno.
10. Iniziate adesso ad aggiungere il latte a filo mescolando senza fermarsi, portate a bollore e poi aggiungete l'emmenthal. Fate fondere completamente il formaggio, aggiungete un pizzico di noce moscata, sale e pepe e poi togliete dal fuoco.
11. Versate la salsa sulle uova e servite.

Secondi di pesce

ORATA CON CREMA DI CETRIOLI RAVANELLI E POMODORI

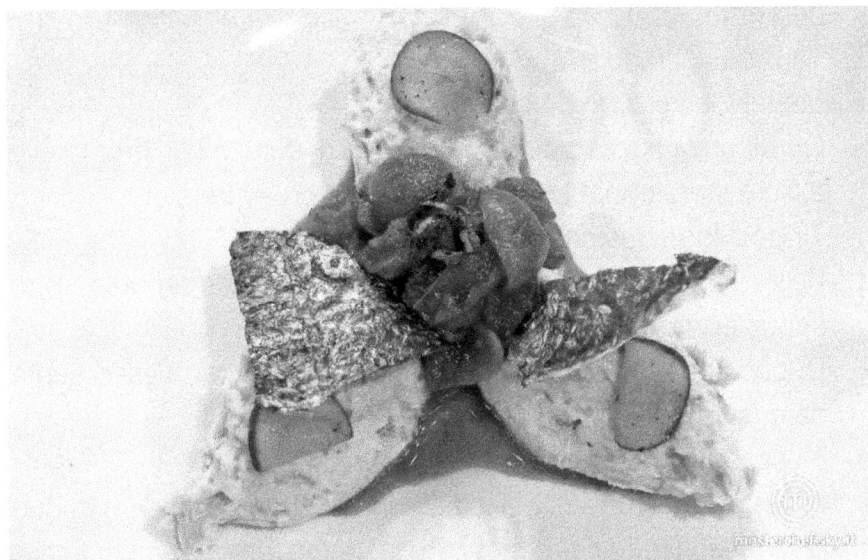

TEMPO DI PREPARAZIONE: 20 minuti
TEMPO DI COTTURA: 30 minuti
CALORIE: 290 a porzione
MACRONUTRIENTI: CARBOIDRATI 15 GR; PROTEINE 36 GR; GRASSI 6 GR

INGREDIENTI PER 4 PERSONE

- 4 filetti di orata da 150 gr ciascuno
- 1 kg di cetrioli
- 600 gr di ravanelli
- 300 gr di pomodorini
- 100 ml di olio d'oliva

- Sale q.b.
- 20 gr di coriandolo

PREPARAZIONE

1. Per prima cosa pulite accuratamente le verdure e tagliatele a pezzetti.
2. Tagliate i pomodori in due.
3. Mettete le verdure da parte.
4. Occupatevi adesso dell'orata. Prima di utilizzarla, l'orata deve essere stata abbattuta per almeno 12 ore in freezer.
5. Tiratela fuori qualche ora prima di cucinarla.
6. Pulite il pesce, sventrando le orate, e sciacquandole sotto acqua corrente.
7. Dopodiché scolatele e asciugatele con della carta assorbente da cucina.
8. Massaggiatele con un po' di olio e sale.
9. Immergetele (tutte e 4 i filetti in un sacchetto grande o in due diversi) con tutto il sacchetto in un bagno termico scaldato alla temperatura di 62°C per 18 minuti.
10. Il tempo che i filetti di orata cuociono, preparate la salsa.
11. Scaldate una pentola con olio e appena caldo, inserite i pomodorini.
12. Fateli appassire qualche minuto, dopodiché buttate i cetrioli e il coriandolo.
13. Lasciate cuocere 10 minuti, dopodiché aggiungete tutto in un mixer.
14. Frullate il tutto con i ravanelli e aggiungete l'olio per emulsionare la crema.
15. Frullate finché non avrete ottenuto una crema piuttosto densa.
16. I filetti di orata saranno pronti a questo punto.

17. Lasciateli abbattere in acqua e ghiaccio per qualche minuto, poi tirateli fuori dal sacchetto.
18. Servite l'orata su un letto di crema appena preparata.

FILETTO DI ORATA AL PREZZEMOLO E ROSMARINO

TEMPO DI PREPARAZIONE: 15 minuti
TEMPO DI COTTURA: 35 minuti
CALORIE: 300 a porzione
MACRONUTRIENTI: CARBOIDRATI 1 GR; PROTEINE 32 GR; GRASSI 1 GR

INGREDIENTI PER 2 PERSONE
- 2 filetti di orata da 200 gr ciascuno
- 1 rametto di rosmarino
- 1 ciuffetto di prezzemolo
- Sale e pepe q.b.
- olio d'oliva q.b.

PREPARAZIONE
1. Per prima cosa pulite il pesce, sventrando le orate, e sciacquandole sotto acqua corrente.
2. Dopodiché scolatele e asciugatele con della carta assorbente da cucina.
3. Massaggiate le orate con l'olio e il sale e il pepe.
4. Lavate il rametto di rosmarino.
5. Lavate anche il ciuffetto di prezzemolo, prendendone le foglioline.
6. Potete inserire direttamente le vostre orate nei sacchetti sottovuoto, insieme al rosmarino e al prezzemolo.

---

7. Fate cuocere in acqua scaldata a 60° C per circa 30 minuti.
8. Quando l'orata sarà cotta, lasciatela abbattere un paio di minuti in acqua e ghiaccio.
9. Passati i due minuti, tiratela fuori dal sacchetto.
10. Poi scaldate una padella antiaderente e, senza aggiunta di grassi, cuocete l'orata da ambedue i lati circa 2 minuti, in modo da formare la crosticina.
11. Servite l'orata con contorno a piacere.

ORATA IN CROSTA DI PISTACCHI CON INSALATA DI CAVOLO VIOLA

TEMPO DI PREPARAZIONE: 15 minuti
TEMPO DI COTTURA: 35 minuti
CALORIE: 380 a porzione
MACRONUTRIENTI: CARBOIDRATI 10 GR; PROTEINE 32 GR; GRASSI 18 GR

INGREDIENTI PER 2 PERSONE
- 2 filetti di orata da 200 gr ciascuno
- Origano fresco q.b.
- cavolo viola q.b.
- Granella di Pistacchi q.b.
- 1 limone
- timo q.b.
- Sale e pepe q.b.
- olio d'oliva q.b.
- aceto di mele q.b.

PREPARAZIONE

1. Per prima cosa pulite il pesce, sventrando le orate, e sciacquandole sotto acqua corrente.
2. Dopodiché scolatele e asciugatele con della carta assorbente da cucina.
3. Massaggiate le orate con l'olio e il sale e il pepe e il succo di limone.
4. Lavate il rametto di rosmarino.
5. Potete inserire direttamente le vostre orate nei sacchetti sottovuoto, insieme allo spicchio di aglio, le fette di limone, il timo
6. Fate cuocere in acqua scaldata a 60° C per circa 30 minuti.
7. Quando l'orata sarà cotta, lasciatela abbattere un paio di minuti in acqua e ghiaccio.
8. Passati i due minuti, tiratela fuori dal sacchetto e impanatela con la granella di pistacchi, pressandoli sul filetto da tutte due le parti facendoli aderire bene.
9. Poi scaldate una padella antiaderente e scaldatela con un filo di olio.
10. Cuocete da ambedue i lati circa 2 minuti, in modo da formare la crosticina.
11. Servite il filetto in crosta con l'insalata di cavolo viola (condita con olio sale e aceto di mele).

FILETTI DI ORATA CON SPINACI E POMODORI

TEMPO DI PREPARAZIONE: 20 minuti + 10 minuti di marinatura
TEMPO DI COTTURA: 35 minuti
CALORIE: 320 a porzione
MACRONUTRIENTI: CARBOIDRATI 7 GR; PROTEINE 39 GR;

GRASSI 5 GR

INGREDIENTI PER 2 PERSONE

- 2 filetti di orata da 150 gr ciascuno (o un'orata da 350 gr circa)
- 200gr di spinaci freschi
- 200 gr di pomodorini
- 50 ml di olio d'oliva
- 1 spicchio d'aglio
- Semi di sesamo bianco
- Un pizzico di Mix di spezie
- Un ciuffo di prezzemolo
- Origano q.b.
- sale e pepe q.b.

PREPARAZIONE

1. Pulite, sciacquate e sfilettate le orate per ricavare 2 filetti (se potete acquistatelo direttamente sfilettato)
2. Lavate e tritate il prezzemolo.
3. Fate marinare l'orata con sale e olio e prezzemolo tritato per una decina di minuti.
4. Nel frattempo, lavate gli spinaci e i pomodorini.
5. Tagliate i pomodorini in 4 parti.
6. Mettete le orate in un sacchetto per sottovuoto e sigillate.
7. Fatele cuocere in bagno termico alla temperatura di 60°C (sia che si tratti del forno che cottura in acqua calda) per 30 minuti circa.
8. In un'altra padella fate cuocere con olio e aglio i pomodorini e gli spinaci, dopo aggiungetevi le spezie.
9. Quando l'orata sarà cotta, lasciatela abbattere due minuti in acqua e ghiaccio.

---

10. Se volete una maggiore croccantezza, dopo aver abbattuto i sacchetti passateli in una padella rovente 1 minuto per lato.

11. Ponete la salsina di verdure su un piatto e adagiatevi i filetti di orata.

CALAMARI MORBIDI CON MANDORLE E OLIO ALLO ZENZERO

TEMPO DI PREPARAZIONE: 25 minuti

TEMPO DI COTTURA: 30 minuti + 60 minuti broccoli

CALORIE: 280 a porzione

MACRONUTRIENTI: CARBOIDRATI 7 GR; PROTEINE 32 GR; GRASSI 10 GR

INGREDIENTI PER 2 PERSONE

- 4 calamari di medie dimensioni
- 100 gr di mandorle pelate
- Sale e pepe q.b.
- Olio d'oliva q.b.
- 35 gr di radice di zenzero grattugiate

PREPARAZIONE

1. Per prima cosa, preparate, in un contenitore ermetico, 35 gr di zenzero grattugiato di zenzero e l'olio di oliva.

2. Avvolgete con carta stagnola e fate riposare in frigo per almeno tre ore, agitando ogni tanto il contenitore.

3. Passate due ore e mezza fate preriscaldare il bagno termico a 75°C.

4. Pulite i calamari, eliminando le interiora e la pelle.

---

5. Separate la testa dal corpo con delicatezza incidendo poco sotto gli occhi e rimuovendo il rostro centrale.
6. Mettere i calamari nel sacchetto per sottovuoto con sale e pepe.
7. Sigillate il sacchetto e fate cuocere per 25 minuti.
8. Quando saranno cotti, lasciateli abbattere qualche minuto in acqua e ghiaccio.
9. Nel frattempo, mettete le mandorle in un padellino antiaderente e lasciatele tostare leggermente fino a quando non diventano dorate.
10. Lasciatele raffreddare e tritarle grossolanamente.
11. Togliete i calamari dal sacchetto e asciugateli delicatamente con carta da cucina.
12. Posizionare i calamari sul piatto, salate leggermente e condite con l'olio allo zenzero e le mandorle tostate.

CALAMARI RIPIENI DI MELANZANE E POMODORINI CON SALSA DI FAVE

TEMPO DI PREPARAZIONE: 15 minuti
TEMPO DI COTTURA: 25 minuti
CALORIE: 310 a porzione
MACRONUTRIENTI: CARBOIDRATI 14 GR; PROTEINE 45 GR; GRASSI 3 GR

INGREDIENTI PER 2 PERSONE
Per i calamari ripieni:
- 4 calamari
- una melanzana piccola
- 1 fetta di pane raffermo

- 6 pomodorini
- 1 cucchiaino di concentrato di pomodoro
- Un ciuffo di basilico
- Una cucchiaiata di cipolla tritata
- Olio d'oliva

Per la salsa alle fave:

- 50gr di fave secche
- 1/2 patata
- 1/4 di cipolla
- Un pizzico d'origano secco
- Sale, pepe q.b.
- Olio d'oliva q.b.

PREPARAZIONE

1. Per prima cosa, pulite i calamari eliminando il rostro centrale.
2. Rimuovete i tentacoli, e metteteli da parte perché serviranno per fare il ripieno.
3. Tagliate la melanzana a dadini, e metteteli ammollo in acqua e sale per qualche minuto.
4. Lavate le foglie di prezzemolo.
5. Fate scolare e asciugare i dadini di melanzana.
6. Fate scaldare una padella con olio d'oliva e, appena e caldo, fate rosolare la cipolla un minuto, dopodiché inserite i cubetti di melanzana, i pomodorini, i tentacoli dei calamari e il basilico.
7. Quando il tutto avrà preso colore, potete sfumare con acqua e aggiungere il concentrato di pomodoro.
8. Fate ritirare il sugo e aggiungete il pane raffermo.
9. Mescolate il tutto finché non diventerà omogeneo.
10. Quando il composto si sarà raffreddato, potete utilizzarlo per riempire i calamari.

11. Riempiteli fino a 3/4.
12. Adesso inserite i calamari in un sacchetto per sottovuoto.
13. Sigillate bene il sacchetto ed immergetelo nel bagno termico scaldato alla temperatura di 85°C, per 18 minuti.
14. Quando saranno passati i 18 minuti, prendete il sacchetto e fatelo abbattere in acqua e ghiaccio per qualche minuto.
15. Quando il pesce sarà abbattuto, tiratelo fuori dal sacchetto e mettetelo in n una padella capiente con un filo d'olio.
16. Fate scottare i calamari su ogni lato.
17. Nel frattempo, preparate la salsa.
18. Inserire in un bicchiere per il minipimer tutti gli ingredienti (fave, patate, cipolla, origano sale e pepe) insieme, e frullate il tutto con attenzione e aggiungete un po' di acqua calda.
19. Mettete il composto in una padellina piccola e riscaldare fino a bollore.
20. Regolate la densità della salsa facendo evaporare l'acqua.
21. Quando la salsa alle fave sarà pronta, potete servirla con i calamari ripieni in un piatto da portata.

CALAMARI CON PURÈ DI AGLIO E BROCCOLI

TEMPO DI PREPARAZIONE: 25 minuti
TEMPO DI COTTURA: 30 minuti + 60 minuti broccoli
CALORIE: 290 a porzione
MACRONUTRIENTI: CARBOIDRATI 12 GR; PROTEINE 27 GR; GRASSI 11 GR

INGREDIENTI PER 2 PERSONE
- 4 calamari di medie dimensioni
- I fiori di un broccolo verde

- Zenzero in polvere q.b.
- Paprika piccante q.b.
- 50 gr di burro
- 1 cucchiaio di pecorino grattugiato
- 1 spicchio d'aglio
- Sale e pepe q.b.
- Olio d'oliva q.b.

PREPARAZIONE

1. Per prima cosa preriscaldate la vasca del macchinario da voi utilizzato, o una pentola con acqua in modo da far arrivare la temperatura a 85°C.
2. Nel frattempo, occupatevi di pulire i calamari.
3. Fatelo eliminando le interiora e la pelle e separate la testa dal corpo con delicatezza incidendo poco sotto gli occhi e rimuovendo il rostro centrale.
4. Mettete i calamari da parte.
5. Preparate adesso la purea di broccoli.
6. Pulite il broccolo con acqua corrente e tagliate i fiori, eliminando la parte sotto.
7. Tagliare i fiori a listarelle di uno spessore di un centimetro e mezzo.
8. Posizionate i fiori nel sacchetto per sottovuoto con olio, sale e lo spicchio d'aglio appiattendoli il più possibile.
9. Chiudere il sacchetto per sottovuoto e fate cuocere nel bagno termico i fiori di broccolo a 85°C per un'ora.
10. Quando la cottura sarà arrivata a 30 minuti, immergete un sacchetto per sottovuoto dove avete posizionato i calamari con un filo d'olio, lo zenzero in polvere, sale e pepe.
11. Fate cuocere il pesce per i 30 minuti restanti.

12. Passato il tempo di cottura, abbattete i due sacchetti nell'acqua e ghiaccio per 3 minuti.
13. Estraete i sacchetti e tirate fuori solo i broccoli.
14. Prendete i broccoli con l'aglio e macinateli, in un mixer, con 50 grammi di burro, la paprika e il pecorino grattugiato fino ad ottenere un purè cremoso.
15. Nel, frattempo, i calamari si saranno raffreddati.
16. Tagliate i calamari a pezzi più piccoli, disponendoli sopra una base di purè di broccoli e aglio.
17. Potete servire.

TOTANI CON CREMA ALLO SCALOGNO E POMODORINI

TEMPO DI PREPARAZIONE: 20 minuti
TEMPO DI COTTURA: 10 minuti
CALORIE: 280 a porzione

MACRONUTRIENTI: CARBOIDRATI 14 GR; PROTEINE 22 GR; GRASSI 10 GR

INGREDIENTI PER 2 PERSONE

- 4 totani di media dimensione già puliti ed eviscerati
- Un ciuffo di prezzemolo
- La scorza di un limone
- olio di oliva q.b.
- sale e per q.b.

Per la crema:

- Mezzo scalogno
- 2 pomodorini
- 30 ml di vino bianco
- 2 cucchiai di maionese
- Sale e pepe q.b.

PREPARAZIONE

1. Prendete i totani già puliti ed eviscerati e sciacquateli sotto l'acqua corrente.
2. Fateli asciugare e tagliateli ad anellini.
3. Lavate anche il ciuffo di prezzemolo e grattugiate la scorza del limone.
4. Adesso insaporite i totani con un po' di sale e pepe.
5. Inserite i totani nel sacchetto sottovuoto con un filo d'olio, il prezzemolo e la scorza di limone.
6. Sigillate il sacchetto e fate cuocere i totani nel macchinario per CBT o nella pentola di acqua portata alla temperatura di 70° C per 10 minuti.
7. Nel frattempo che i totani cuociono, preparate la crema allo scalogno e i pomodorini

8. Lavate e tagliate i pomodorini in due.
9. Tritate il mezzo scalogno.
10. Mettete a rosolare a fuoco lento in una padella con un po' di olio sia lo scalogno che i pomodorini.
11. Lasciate friggere e aggiungete il vino bianco per sfumare.
12. Per terminare la cottura, attendete che evapori tutto il vino.
13. Aggiustate di sale e pepe.
14. Appena terminata la cottura, passate gli ingredienti nel mixer con i due cucchiai di maionese.
15. Nel frattempo, i totani saranno cotti.
16. Fate raffreddare leggermente senza bisogno di abbattere.
17. Servite gli anelli di totano morbidi accompagnati dalla salsa allo scalogno e pomodori.

MOSCARDINI ALLE CIPOLLE IN UMIDO

TEMPO DI PREPARAZIONE: 20 minuti
TEMPO DI COTTURA: 30 minuti
CALORIE: 180 a porzione
MACRONUTRIENTI: CARBOIDRATI 9 GR; PROTEINE 22 GR; GRASSI 2 GR

INGREDIENTI PER 3 PERSONE
- 300 gr di moscardini (già eviscerati e puliti)
- 300 gr polpa di pomodoro
- mezzo spicchio d'aglio
- 1 cipolla rossa

72

- 1 rametto di rosmarino
- Sale e pepe q.b.
- Olio d'oliva q.b.

PREPARAZIONE

1. Per prima cosa lavate e tritare la cipolla finemente, insieme all'aglio.
2. Lavate anche il rametto di rosmarino.
3. Fate soffriggere entrambi con poco olio.
4. Aggiungete il rosmarino, poi versate la polpa di pomodoro e fate restringere il tutto.
5. Fate raffreddare il sugo, dopodiché inseritelo all'interno del sacchetto per sottovuoto con i moscardini già eviscerati e puliti
6. Mescolate bene il tutto, scuotendo il sacchetto e sigillatelo bene.
7. Inserite il sacchetto all'interno del bagno termico a 75°C.
8. Cuocete il tutto per 30 minuti.
9. Passati i 30 minuti, fate abbattere il sacchetto in acqua e ghiaccio
10. Appena il tutto si sarà leggermente intiepidito, potete tiralo fuori dal sacchetto e servire.

SCAMPI ALLA CREMA DI ZUCCA E NOCI

TEMPO DI PREPARAZIONE: 20 minuti + 10 minuti di marinatura
TEMPO DI COTTURA: 12 minuti pesce + 30 minuti zucca
CALORIE: 290 a porzione
MACRONUTRIENTI: CARBOIDRATI 12 GR; PROTEINE 27 GR; GRASSI 11 GR

INGREDIENTI PER 2 PERSONE

- 10 code di scampi
- 1 rametto di rosmarino
- 250 g di zucca gialla
- brodo vegetale q.b.
- 20 ml di panna da cucina
- un pizzico noce moscata
- 30 gr di noci tritate
- peperoncino q.b.
- sale q.b.
- olio di oliva q.b.

PREPARAZIONE

1. Per prima cosa, occupatevi della zucca.
2. Spellate e tagliate la zucca a pezzi, mettetela in buste sottovuoto e cuocetela per 30 minuti a 85°C (in forno a vapore o pentola con acqua calda).
3. Nel frattempo, occupatevi di pulire gli scampi.
4. Staccate prima la parte della testa con una leggera torsione. Poi procedete eliminando il guscio e la coda prendendo in mano lo scampo, con la corazza rivolta verso il basso.
5. Aiutandovi con delle forbici da cucina, incidete la cartilagine del ventre su entrambi i lati, staccatela e poi estraete delicatamente la polpa, sfilandola come da un guanto.
6. Lavate anche il rametto di rosmarino.
7. Dopo aver pulito gli scampi metteteli in marinatura di olio, pepe sale e rosmarino per una decina di muti
8. Dopo averli marinati, inseriteli nel sacchetto per sottovuoto e sigillateli bene.

9. Riempite un'altra pentola con acqua facendola arrivare alla temperatura di 54°C.
10. Inserite il sacchetto con gli scampi a bagnomaria e fateli cuocere per 8 minuti
11. Nel frattempo, la zucca sarà cotta,
12. Estraetela dalla busta e frullatela con del brodo vegetale, un pizzico di noce moscata, sale, pepe, la panna e le noci tritate. Aggiungete il brodo a poco a poco e regolatevi voi a seconda della consistenza desiderata.
13. Quando gli scampi saranno cotti, abbatteteli con acqua e ghiaccio per qualche minuto, poi passateli in una piastra calda per qualche minuto.
14. Servite gli scampi caldi con la crema di zucca e noci.

SCAMPI CON CREMA DI YOGURT AGLI AGRUMI

TEMPO DI PREPARAZIONE: 20 minuti + 2 ore di marinatura
TEMPO DI COTTURA: 12 minuti
CALORIE: 320 a porzione
MACRONUTRIENTI: CARBOIDRATI 7 GR; PROTEINE 34 GR; GRASSI 16 GR

INGREDIENTI PER 4 PERSONE
- 20 code di scampi
- 150 gr yogurt bianco al naturale
- timo q.b.
- rosmarino q.b.
- succo e buccia di mezza arancia
- succo e buccia di mezzo lime
- Olio q.b.

- sale e pepe q.b.

PREPARAZIONE

1. Iniziate la ricetta col pulire gli scampi.
2. Staccate prima la parte della testa con una leggera torsione. Poi procedete eliminando il guscio e la coda prendendo in mano lo scampo, con la corazza rivolta verso il basso.
3. Aiutandovi con delle forbici da cucina, incidete la cartilagine del ventre su entrambi i lati, staccatela e poi estraete delicatamente la polpa, sfilandola come da un guanto.
4. Lavate anche il rametto di rosmarino.
5. Dopo averli puliti metteteli in marinatura di olio limone pepe sale e rosmarino per 2 ore.
6. Dopo averli marinato, sgocciolateli, inseriteli nel sacchetto per sottovuoto e sigillateli bene.
7. Riempite la pentola d'acqua facendola arrivare alla temperatura di 54°C.
8. Arrivati alla temperatura, inserite il sacchetto nell'acqua e fate cuocere per 8 minuti.
9. Quando la cottura sarà terminata togliete il sacchetto dal bagnomaria.
10. Mettete gli scampi a raffreddare con acqua e ghiaccio, poi aprite il sacchetto e in una ciotola, filtrate il liquido che si è formato all'interno.
11. Mettete gli scampi da parte.
12. Preparate la salsa di accompagnamento.
13. Mettete in una ciotola lo yogurt bianco, aggiungete il timo, l'erba cipollina e un pizzico di sale, il peperoncino e mescolate bene.

14. Aggiungete la buccia grattugiata dell'arancia, quella del lime un po' di olio d'oliva e mescolate il tutto, coprite e mettete in frigorifero sino all'ultimo per far insaporire la salsa.
15. Prendete gli scampi e metteteli in una padella calda con un po' di olio di oliva, il liquido di cottura e il succo di arancia e lime.
16. Fate saltare per qualche minuto, in modo fa farli insaporire per bene.
17. Servite gli scampi in un piatto da portata con la sala allo yogurt.
18. Rifinite con qualche goccia dell'emulsione agli agrumi formatosi in padella.

GAMBERONI CON CREMA DI ZUCCA E GRANELLA DI NOCCIOLE

TEMPO DI PREPARAZIONE: 20 minuti + 20 minuti di marinatura
TEMPO DI COTTURA: 70 minuti
CALORIE: 380 a porzione
MACRONUTRIENTI: CARBOIDRATI 20 GR; PROTEINE 28 GR; GRASSI 11 GR

INGREDIENTI PER 2 PERSONE
- 12 gamberoni
- Il succo di mezzo limone
- Il succo di un'arancia
- Olio d'oliva q.b.
- Sale e pepe q.b.

Per la crema di zucca
- 250 gr di zucca gialla
- brodo vegetale q.b.
- un pizzico di noce moscata

- sale e pepe q.b.

per la decorazione finale

- granella di nocciole q.b.

PREPARAZIONE

1. Iniziate pulendo e preparando i Gamberoni.
2. Con delle forbici tagliate il carapace dalla testa facendo attenzione a non tagliare la carne, poi sempre con la forbice tagliate lungo la pancia sino alla coda. A questo punto togliete delicatamente il carapace lasciando però la coda.
3. Fatto questo passaggio con l'aiuto di uno stuzzicadenti togliete il budello. Questo passaggio è fondamentale in quanto se lo lascerete renderà il gambero amaro.
4. Una volta fatto mettete in gamberi in una ciotola.
5. Mettete in una ciotola il succo di limone e quello di arancia e un po' di olio d'oliva.
6. Mettete i gamberoni con la marinatura all'arancia in un sacchetto per sottovuoto.
7. Chiudete bene il sacchetto e lasciate marinare una decina di minuti.
8. Nel frattempo, spellate e tagliate la zucca a pezzi, mettetela in buste sottovuoto e cuocetela per 35 minuti a 75°C (in forno a vapore o pentola con acqua calda).
9. Quando mancheranno solamente 9 minuti per la cottura della zucca, estraete il pesce dal frigo, scuotete il sacchetto per amalgamare la marinatura e fate cuocere i gamberoni nella stessa acqua della zucca per circa 8 minuti.
10. Quando entrambi i sacchetti avranno terminato la propria cottura, lasciateli abbattere due minuti in acqua e ghiaccio.

—

11. Estraete la zucca dalla busta e frullatela con del brodo vegetale, un pizzico di noce moscata, sale e pepe.
12. Aggiungete il brodo a poco a poco e regolatevi voi a seconda della consistenza desiderata.
13. Tirate fuori anche i gamberoni e passateli in una piastra calda un paio di minuti per lato.
14. È arrivato il momento di servire.
15. Mettete, in un piatto da portata, un letto di crema di zucca.
16. Distribuite la granella di noci sopra la crema di zucca e infine adagiate sopra i gamberoni.

Capitolo 5 - Ricette di contorni

PATATE ALLE SPEZIE

TEMPO DI PREPARAZIONE: 30 minuti
TEMPO DI COTTURA: 60 minuti
CALORIE: 177 a porzione
MACRONUTRIENTI: CARBOIDRATI:32 GR; PROTEINE: 3 GR;
GRASSI: 4GR

INGREDIENTI PER 4 PERSONE

- 4 grosse patate
- 1 cucchiaino di paprika dolce
- 1 cucchiaino di paprika piccante

- 1 cucchiaino di curcuma
- 1 cucchiaino di peperoncino piccante
- Sale rosa q.b.
- Un rametto di rosmarino
- Olio di oliva q.b.

PREPARAZIONE

1. Iniziate sbucciando le patate. Tagliatele a rondelle e poi lavatele accuratamente, non deve rimanere nessuna impurità. Poi asciugatele con carta assorbente.
2. Prendete una ciotola e mettete all'interno le patate, le spezie, sale e pepe.
3. Trasferite le patate in un grande sacchetto per il sottovuoto e poi mettete all'interno anche due cucchiai di olio di oliva.
4. Aspirate l'aria, sigillate il sacchetto e mettete a cuocere nel bagnomaria a 87° per un'ora.
5. Passato il tempo di cottura togliete il sacchetto dal bagnomaria, aprite il sacchetto e mettete le patate in un piatto.
6. Servite cosparse con il fondo di cottura.

TORRETTE DI ZUCCA CON MOZZARELLE DI BUFALA

TEMPO DI PREPARAZIONE: 30 minuti
TEMPO DI COTTURA: 40 minuti
CALORIE: 300 a porzione
MACRONUTRIENTI: CARBOIDRATI: 9 GR; PROTEINE: 20 GR; GRASSI: 20GR

INGREDIENTI PER 4 PERSONE

- 500 gr di polpa di zucca
- 4 mozzarelle di bufala
- Un rametto di rosmarino
- 2 foglie di salvia
- Olio di oliva q.b.
- Sale e pepe q.b.
- Granella di pistacchi q.b.

PREPARAZIONE

1. Lavate e asciugate la polpa di zucca e poi tagliatela a rondelle.
2. Lavate e asciugate salvia e rosmarino.
3. Prendete un sacchetto e mettete all'interno la zucca, le erbe aromatiche, sale, pepe e olio di oliva.
4. Sbattete delicatamente il sacchetto, aspirate l'aria e sigillate.
5. Mettete a cuocere nel bagno termico a 85° per 35 minuti.
6. Appena il tempo di cottura sarà passato togliete il sacchetto dal sottovuoto e mettete a raffreddare in acqua e ghiaccio.
7. Riscaldate una griglia e quando sarà rovente mettete la zucca a grigliare fino a quando non saranno apparse le tipiche striature della griglia.
8. Togliete e mettete una rondella in un piatto da portata individuale.
9. Tagliate a metà una mozzarella di bufala e poi mettete sopra un'altra rondella di zucca, mettete l'altra fetta di mozzarella e finite con un'altra fetta di zucca.
10. Ripetete la stessa operazione per tutti e 4 i piatti e poi servite le torrette cosparse di granella di pistacchi.

Capitolo 6 - Ricette vegetariane

Patate e caprini alla paprika

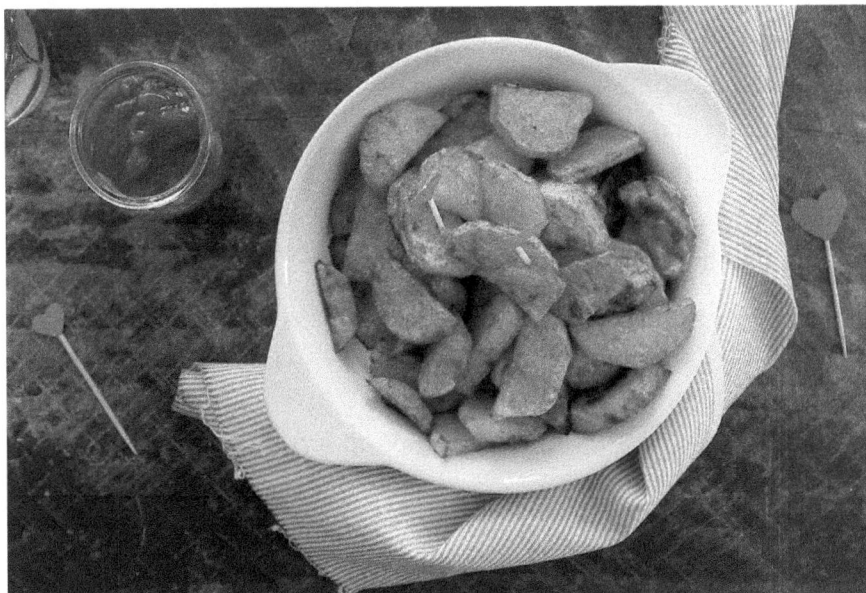

TEMPO DI PREPARAZIONE: 20 minuti
TEMPO DI COTTURA: 50 minuti
CALORIE: 360 a porzione
MACRONUTRIENTI CARBOIDRATI GR 35; PROTEINE: 21 GR; GRASSI 6 GR

INGREDIENTI PER 4 PERSONE

- 400 gr di patate
- 400 gr di caprini morbidi
- 2 rametti di rosmarino
- 2 foglie di salvia
- 1 spicchio d'aglio

- 1 cucchiaio di paprika dolce
- 3 rametti di basilico
- Sale q.b.
- Olio di oliva q.b.

PREPARAZIONE

1. Pelate le patate. Lavatele per bene in una ciotola cambiando di continuo l'acqua e poi asciugatele con carta assorbente.
2. Tagliate le patate a tocchetti.
3. Sbucciate e lavate l'aglio.
4. Lavate e asciugate salvia e rosmarino.
5. Prendete un sacchetto per il sottovuoto, inserite le patate, l'aglio, salvia e rosmarino, sale e olio di oliva.
6. Sbattete il sacchetto per insaporire bene tutti gli ingredienti, aspirate l'aria e sigillatelo.
7. Mettete a cuocere a 84° per 50 minuti.
8. Mentre le patate si cuociono potete preparare il formaggio.
9. Staccate le foglie di basilico dai rametti, lavateli e asciugateli. Tritate il basilico finemente.
10. Mettete i caprini in una ciotola e lavorateli con una forchetta fino ad ottenere un composto cremoso e compatto.
11. Prelevate con un cucchiaio un po' di formaggio e con le mani inumidite formate delle palline. Dovreste ottenerne in totale 12.
12. Mettete in un piatto la paprika e il basilico, mescolate e poi rotolate sopra il composto le palline di caprino.
13. A questo punto, le patate saranno cotte, togliete dal bagno termico e fatele raffreddare in acqua e ghiaccio.

14. Riscaldate un po' di olio in una padella, trasferite le patate senza liquido di cottura e fatele saltare per un paio di minuti.
15. Servite le patate sul fondo di un piatto e mettete al centro i caprini.

Purè di patate

TEMPO DI PREPARAZIONE: 20 minuti
TEMPO DI COTTURA: 40 minuti
CALORIE: 230 a porzione
MACRONUTRIENTI: CARBOIDRATI GR 30; PROTEINE 4 GR; GRASSI 8 GR

INGREDIENTI PER 2 PERSONE

- 3 patate di medie dimensioni
- 1 spicchio d'aglio
- 300 ml di latte parzialmente scremato
- 1 pizzico di noce moscata
- 30 gr di margarina
- Sale e pepe q.b.

PREPARAZIONE

1. Per prima cosa, fate riscaldare il bagno termico.
2. La temperatura di cottura dovrà essere di 90°C e, per una dimensione media della patata, il tempo di cottura di 40-45 minuti.
3. Sbucciate e tagliate le patate a pezzetti molto piccoli.
4. Lasciatele ammollo 5 minuti in acqua molto fredda.

5. Inserire tutti gli ingredienti (patate, noce moscata, aglio, latte, margarina, sale e pepe) all'interno di un sacchetto per il sottovuoto.
6. Sigillate bene il sacchetto ed immergetelo nel bagno termico.
7. Una volta che le patate saranno cotte, senza abbattitura, tiratele fuori dal sacchetto e schiacciatele per creare un purè di aspetto tradizionale senza grumi simile a quello realizzato a mano.
8. Servite il purè ancora caldo.

Cubetti di verdure saporiti con uova

TEMPO DI PREPARAZIONE: 20 minuti
TEMPO DI COTTURA: 45 minuti
CALORIE: 280 a porzione
MACRONUTRIENTI: CARBOIDRATI GR 25; PROTEINE15 GR; GRASSI7 GR

INGREDIENTI PER 3 PERSONE
- 2 zucchine
- 1 melanzana piccola
- 1 peperone verde
- 1 peperone rosso
- Pomodori pelati q.b.
- 3 Uova
- Sale e pepe q.b.
- Paprika q.b.

PREPARAZIONE

1. Per prima cosa, lavate tutte le verdure (privando i peperoni dei semi interni) e tagliatele tutte in cubetti delle stesse dimensioni.
2. Successivamente mettete le verdure in una pentola e le fate rosolare per qualche minuto.
3. Quando saranno passati 5 minuti, aggiungete i pomodori pelati e completate la cottura delle verdure.
4. Mentre si preparano i cubetti di verdure, inserite le uova in un bagno termico scaldato a 64° C per 36 minuti.
5. Quando le uova saranno cotte, potete tirarle fuori direttamente dal sacchetto.
6. Per servire, mettiamo in un piatto i cubetti di verdure e sopra, con molta attenzione, mettete l'uovo cotto sgusciato.
7. Completate il tutto con una spolverata di paprika sopra.

Capitolo 7 - Ricette vegane

CAVOLFIORE CON CAPPERI

TEMPO DI PREPARAZIONE: 20 minuti
TEMPO DI COTTURA: 40 minuti
CALORIE: 45 a porzione
MACRONUTRIENTI: CARBOIDRATI GR 4; PROTEINE3GR; GRASSI 1 GR

INGREDIENTI PER 4 PERSONE

- 400 g di cavolfiore
- 1 ciuffetto di prezzemolo
- 1 cucchiaio di capperi sotto sale
- 4 cucchiai di olio extravergine di oliva
- Sale e pepe q.b.

PREPARAZIONE

1. Per prima cosa, occupatevi di pulire il cavolfiore.
2. Dopo averlo diviso in rosette e lavato con abbondante acqua corrente, posatelo in un colapasta e fatelo scolare.
3. Fate preriscaldare, nel frattempo, il bagno termico a 85° C.
4. Lavate anche il prezzemolo e tritatelo.
5. Fate scolare i capperi.
6. Inserite i fiori di cavolfiore in un sacchetto per il sottovuoto e aggiungete i cucchiai di olio d'oliva, i capperi scolati, il prezzemolo tritato, sale e pepe.
7. Fateli cuocere nel bagno termico per almeno 40 minuti.
8. Verificate sempre la cottura.
9. Quando saranno pronti, lasciate raffreddare 5 minuti, dopodiché potete servire il vostro piatto.

PUREA DI CAVOLFIORE E TOFU

TEMPO DI PREPARAZIONE: 5 minuti
TEMPO DI COTTURA: 55 minuti
CALORIE: 200 a porzione
MACRONUTRIENTI: CARBOIDRATI GR 9; PROTEINE 18 GR; GRASSI 7 GR

INGREDIENTI PER 4 PERSONE
- Un cavolfiore intero (solo i fiori)
- 120 gr di tofu tagliato a cubetti
- Paprika q.b.
- Uno spicchio d'aglio
- 2 cucchiaini di olio di oliva
- Sale e pepe q.b.

PREPARAZIONE

1. Per prima cosa potete lavare il cavolfiore e tagliarne i fiori.
2. Insaporiteli, mescolandoli con l'olio, la paprika, il sale ed il pepe.
3. Inserite il cavolfiore con lo spicchio di aglio in un sacchetto per sottovuoto.
4. Sigillate bene il tutto.
5. A questo punto, inserite il sacchetto nel bagno termico con acqua scaldata ad 85°C, e lasciate cuocere il cavolfiore almeno per 55 minuti.
6. Verificate la morbidezza del cavolfiore, e se non è cotto, proseguite la cottura per altri 55 minuti.
7. Non appena pronto, senza bisogno di abbattitura tirate fuori tutti gli ingredienti dal sacchetto sottovuoto.
8. Togliete lo spicchio d'aglio e passate il cavolfiore nel mixer per formare la purea.
9. Tagliate nel frattempo il tofu a cubetti.
10. Servite il cavolfiore in purea con i cubetti di tofu sopra e un filo di olio d'oliva.

BROCCOLO ALL'AGLIO

TEMPO DI PREPARAZIONE: 20 minuti
TEMPO DI COTTURA: 40 minuti
CALORIE: 65 a porzione
MACRONUTRIENTI: CARBOIDRATI GR 7; PROTEINE5 GR; GRASSI 1 GR

INGREDIENTI PER 4 PERSONE

- 600 gr di broccolo

- Olio d'oliva q.b.
- Uno spicchio d'aglio
- Sale e pepe q.b.

PREPARAZIONE

1. Per prima cosa, preriscaldata l'acqua che servirà per il bagno termico 85°C.
2. Adesso passate alla pulizia del broccolo.
3. Togliete le foglie esterne, e prendete solo i fiori.
4. Tagliate i fiori e metteteli ammollo per 5 minuti con acqua e un po' di sale.
5. Inserite il broccolo in un sacchetto per sottovuoto insieme ad un filo di olio d'oliva, lo spicchio d'aglio, un altro pizzico di sale e il pepe.
6. Quando l'acqua sarà arrivata alla temperatura prestabilita, immergete la busta e fate cuocere per 35/40minuti.
7. A cottura completata, rimuovete il sacchetto dall'acqua.
8. Potete servire direttamente il broccolo come contorno.

Capitolo 8 - Ricette di desserts

ALBICOCCHE AROMATIZZATE ALLA CANNELLA E CARDAMOMO

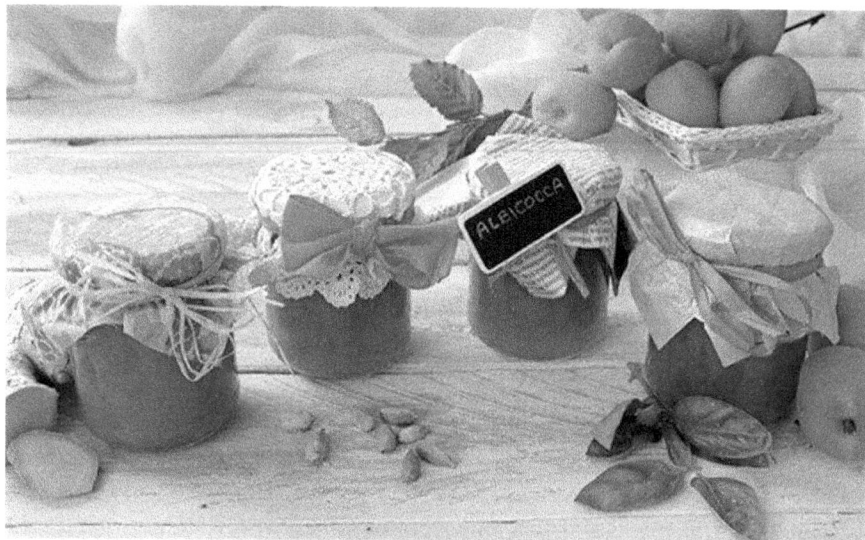

TEMPO DI PREPARAZIONE: 10 minuti
TEMPO DI COTTURA: 60 minuti
CALORIE: 90 a porzione
MACRONUTRIENTI: CARBOIDRATI: 12 GR PROTEINE: 1 GR
   GRASSI: 4 GR

INGREDIENTI PER 4 PERSONE

- 500 gr di albicocche
- 20 gr di burro
- 1 cucchiaino di cardamomo
- 1 cucchiaino di cannella
- 1 pizzico di sale

- 100 gr di zucchero

PREPARAZIONE
1. Lavate e asciugate le albicocche. Tagliatele a metà e togliete il nocciolo.
2. Mettete le albicocche in un sacchetto abbastanza grande e inserite all'interno anche lo zucchero, il cardamomo, la cannella, il pizzico di sale e il burro.
3. Massaggiate il sacchetto delicatamente, aspirate l'aria, sigillate il sacchetto e mettete a cuocere nel bagno termico per 1 ora a 82°.
4. Quando sarà passato il tempo di cottura, togliete il sacchetto dal bagnomaria, apritelo, mettete le albicocche in un piatto e servite cosparse con il liquido di cottura, ciuffi di panna montata e foglie di menta tritate.

CRESPELLE CON ALBICOCCHE E CREMA PASTICCERA

TEMPO DI PREPARAZIONE: 20 minuti
TEMPO DI COTTURA: 2 ore
CALORIE :245 a porzione
MACRONUTRIENTI: CARBOIDRATI: 28 GR PROTEINE:8 GR GRASSI: 7 GR

INGREDIENTI PER 4 PERSONE
- 4albicocche
- 2 tuorli
- 1 uovo intero
- 420 ml di latte

- 90 gr di farina
- 100 gr di zucchero
- un cucchiaino di estratto di vaniglia
- burro q.b.

PREPARAZIONE

1. Lavate e asciugate le albicocche. Tagliatele a metà e togliete il nocciolo.
2. Prendete un sacchetto per il sottovuoto e mettete all'interno le albicocche, 50 gr di zucchero e l'estratto di vaniglia.
3. Aspirate l'aria, sigillate il sacchetto e mettete a cuocere nel bagno termico per 1 ora a 82°.
4. Adesso passate alla crema pasticcera.
5. In una ciotola mettete i tuorli e il resto dello zucchero. Con uno sbattitore elettrico mescolate fino a quando non otterrete un composto chiaro e spumoso.
6. Aggiungete 20 gr di farina e 250 ml di latte e continuate a mescolare fino a quando non è tutto ben amalgamato.
7. Prendete un sacchetto per il sottovuoto abbastanza grande e mettete all'interno il composto per la crema, massaggiate il sacchetto, aspirate l'aria e sigillatelo.
8. Fatelo cuocere nel bagnomaria a 85° per 45 minuti, massaggiando la busta ogni 10 minuti.
9. Mentre crema e albicocche si cuociono, preparate la pastella per le crespelle.
10. Sgusciate l'uovo intero in una ciotola e mescolatelo insieme a 70 g di farina e a 170 ml di latte.
11. Mescolate per bene l'impasto, prestando attenzione a non formare grumi.

12. A questo punto lasciate riposare la pastella in frigorifero per 30 minuti.
13. A questo punto sia le albicocche che la crema saranno giunte a cottura.
14. Togliete i sacchetti dal bagno termico e versate le albicocche con tutto il liquido in un a ciotola e la crema in un'altra.
15. Sbattete un po' con una frusta a mano la crema per evitare che formi la velatura in superficie.
16. Adesso prendete la pastella e cominciate a preparare le crepes.
17. Prendete un padellino antiaderente, ungetelo con il burro e prepara 1 crespella alla volta con la pastella. In totale dovete ottenere 8 crespelle.
18. mettete le crespelle in un piatto, riempitele con la crema e le albicocche e poi chiudetele. cospargete la superficie con il liquido di cottura delle albicocche.

MELE MARINATE AL TÈ VERDE

TEMPO DI PREPARAZIONE: 5 minuti
TEMPO DI COTTURA: 60 minuti
CALORIE :110 a porzione
MACRONUTRIENTI: CARBOIDRATI: 26 GR PROTEINE: 0 GR
    GRASSI: 0 GR

INGREDIENTI PER 4 PERSONE
- 4 mele di media grandezza
- 3 bustine di tè verde
- 1 cucchiaino di cannella

- 1 cucchiaino di estratto di vaniglia
- 50 gr di zucchero

PREPARAZIONE

1. Riscaldate 300 ml di acqua e quando giunge a bollore mettete le bustine di tè in infusione.
2. Sbucciate le mele, tagliatele a metà, togliete torsolo e semi e poi lavatele e asciugatele.
3. Mettete le mele in un sacchetto per il sottovuoto assieme al tè, lo zucchero, la cannella e la vaniglia.
4. Aspirate l'aria, sigillate il sacchetto e fate cuocere a bagnomaria per 1 ora a 80°.
5. Quando il tempo di cottura sarà finito, togliete il sacchetto dal bagnomaria, mettete le mele in un piatto e servitele con gelato alla vaniglia cosparso con il liquido di cottura delle mele.

PANNA COTTA CON SALSA AL CARAMELLO

TEMPO DI PREPARAZIONE: 20 minuti + 4 ore di riposo in frigo
TEMPO DI COTTURA: 60 minuti
CALORIE :280 a porzione
MACRONUTRIENTI: CARBOIDRATI: 26 GR PROTEINE: 1 GR
GRASSI:13 GR

INGREDIENTI PER 4 PERSONE

- 250 ml di panna fresca
- 2 fogli di gelatina alimentare
- 80 ml di latte
- 65 gr di zucchero semolato

- 1 cucchiaino di estratto di vaniglia
- 50 gr di salsa al caramello

PREPARAZIONE

1. Iniziate con il mettere i fogli di gelatina in una ciotola con acqua per 10 minuti.
2. Passati i 10 minuti strizzate la gelatina e fatela sciogliere completamente con un po' di panna che avrete fatto scaldare al microonde. Mescolate fino a quando la gelatina non si è completamente sciolta.
3. In una ciotola mettete assieme il latte, la panna e l'estratto di vaniglia.
4. Mescolate per amalgamare bene il tutto e poi aggiungete lo zucchero.
5. Quando anche lo zucchero sarà completamente assorbito dal composto aggiungete la panna dove avevate fatto sciogliere la gelatina.
6. Mettete il composto in 4 barattolini da 220 ml, chiudete il tappo e mettete a cuocere nel bagno termico a 90° per un'ora.
7. Passato il tempo di cottura, togliete con attenzione i barattoli dal bagnomaria, fateli raffreddare a temperatura ambiente per 10 minuti e poi metteteli in frigo per 4 ore.
8. Passate le 4 ore, togliete dal frigo, togliete il tappo ai barattoli e con delicatezza versate il contenuto nei piatti da portata.
9. Servite la panna cosparsa con la salsa al caramello e con frutti di bosco freschi.

PANNA COTTA CON AL PISTACCHIO

TEMPO DI PREPARAZIONE: 20 minuti + 4 ore di riposo in frigo
TEMPO DI COTTURA: 60 minuti
CALORIE :300 a porzione
MACRONUTRIENTI: CARBOIDRATI:24 GR PROTEINE: 4 GR
GRASSI: 16 GR

INGREDIENTI PER 4 PERSONE

- 300 ml di panna fresca
- 100 ml di latte
- 70 gr di crema di pistacchi
- 3 fogli di gelatina alimentare
- 80 gr di zucchero

PREPARAZIONE

1. Mettete la gelatina in ammollo in acqua fredda, per almeno 10 minuti.
2. Passati i 10 minuti strizzate la gelatina e fatela sciogliere completamente con un po' di panna che avrete fatto scaldare al microonde. Mescolate fino a quando la gelatina non si è completamente sciolta.
3. In una ciotola mettete assieme il latte e la panna. Mescolate con una frusta manuale e amalgamate bene.
4. Aggiungete lo zucchero e continuate a mescolare. Infine, aggiungete la crema di pistacchi e mescolate fino a quando non avrete ottenuto un composto omogeneo.
5. Quando anche lo zucchero sarà completamente assorbito dal composto aggiungete la panna dove avevate fatto sciogliere la gelatina e mescolate ancora.

6. Mettete il composto in 4 barattolini da 220 ml, chiudete il tappo e mettete a cuocere nel bagno termico a 90° per un'ora.
7. Passato il tempo di cottura, togliete con attenzione i barattoli dal bagnomaria, fateli raffreddare a temperatura ambiente per 10 minuti e poi metteteli in frigo per 4 ore.
8. Passato il tempo di riposo, capovolgete i barattolini in piatti da portata individuali e servite la panna cotta cosparsa con granella di pistacchi.

Conclusioni

In questo testo vi abbiamo fornito tutte le informazioni sul funzionamento della cucina a bassa temperatura, sul suo funzionamento e la strumentazione ideale, i pro e i contro, dei consigli utili per poterla impiegare al meglio ed infine molte ricette gustose che vanno dalla più semplice alla più complessa.

Avendo il quadro teorico e pratico completo, cosa si può dire in conclusione per la CBT?

In conclusione, si può dire che la cottura a bassa temperatura, ovvero la cottura sottovuoto a bassa temperatura o CBT, è un modo non nuovo, ma sconosciuto da molti, di preparare le pietanze in modo sano e leggero, mantenendo inalterati i nutrienti contenuti in esse.

Inoltre, la cucina *sous vide* si è rivela molto comoda in quanto, nonostante i lunghi tempi di cottura, non necessita di una presenza costante e di un continuo controllo.

Una volta impostati i tempi di cottura e la temperatura, che vanno comunque seguiti fedelmente, si può rivolgere l'attenzione ad altre cose fino a quanto il segnale acustico avverte che il tempo di cottura è terminato e la pietanza cotta è pronta per essere rifinita in padella, condita e servita.

Questa cucina quindi, da elitaria è passata dalla parte dei principianti, aiutandoli a preparare delle pietanze da *Chef,* senza complicarsi troppo la vita.

9 781801 728850